アドラー心理学で考える

学級経営

赤坂 真二 著

学級崩壊と荒れに向き合う

明治図書

　アドラー心理学的なアプローチの学級経営を発信し始めた頃のことです。「どうして，アドラー心理学に基づく子育てのテキストがあるのに，教育に関するテキストがないのでしょうか」というお声をしばしば耳にしました。アドラー心理学が，学級経営や生徒指導，教育相談といった分野で有効であるという認識の広がりとともに，アドラー心理学を活用した教育実践を紹介する書籍が数多く見られるようになりました。

　それらの優れた書籍に混ざって私も，学級経営やクラス会議に関連する書籍を上梓させていただきました。2018年出版の『アドラー心理学で変わる学級経営　勇気づけのクラスづくり』もそのうちの一冊です。お陰様で，多くの方々から「是非，続編を」というお声をいただきました。大変感謝しております。

　前掲の書は，ツヨシ君という小学校4年生の男子児童の事例について，勇気づけの具体的な方法やその背景となる考え方を述べました。彼は，感情的になると暴れたり暴力を振るったりするようなところがあり，所謂，「指導が難しい子」として引き継ぎました。しかし，彼に出会ってみると，確かに乱暴なところはありますが，発想が豊かで行動力があり，読書家でもあり，実に人間的魅力に溢れた子でもありました。そんな彼の強みを引き出しながら，クラスへの適応力を高めていくアプローチの一端を示しました。

　しかし，ツヨシ君の物語はツヨシ君のことだけで完結していたわけではありませんでした。前作でも少し触れていますが，彼のクラスは3年生の時に担任による指導が成り立たなくなりました。学級崩壊のクラスだったわけです。前作は，そうしたクラスの荒れの問題にはほとんど触れず，彼とその周辺にフォーカスを当て，彼との関わりから間接的に学級崩壊の問題に触れました。

　ツヨシ君は，「学級崩壊の原因」とまで言われた子ですが，彼の問題は，

クラスの問題のほんの一部分に過ぎませんでした。彼には，不適切な行動をするだけの理由がありました。勿論，彼が暴れていたのは，彼本人がもつ理由もありましたが，ツヨシ君のクラスは，その行動を引き出し，強化するというシステムをもっていました。

　学級崩壊が顕在化して以降，「崩壊クラスを担任したが，数日で授業が成立するようになった」「短期間で立て直した」との発言を耳にすることがあります。そうしたすごい力をもった教師はきっといることでしょう。しかし，私の経験から申し上げると，数日間で立ち直るということはありませんでした。前作で述べたように学級崩壊にはいくつかの段階があります。教師と子どもの関係性の悪化レベルの荒れならば，教師が子どもたちへの接し方を変えたり教師が交代したりすれば，比較的容易に解決することはあり得るでしょう。しかし，子ども同士の関係性の悪化や教師の指導力解体レベルにまで進行していると，担任が交代したくらいで簡単には改善しません。学級崩壊は社会の変化を背景にした複合的な要素をもった問題なので，そんなに単純には解決しないと考えています。もし，本当に数週間で立て直すことができたと認識しているのならば，それはそういうレベルの荒れだったか，大変失礼ながら事実の誤認だったのではないでしょうか。

　学級崩壊やクラスの荒れへ対応は，取り組みの在り方から図０−１のような４つに分類されます。①組織的・予防的アプローチ，②個人的・予防的アプローチ，③組織的・治療的アプローチ，④個人的・治療的アプローチです。組織的アプローチとは，学校体制や地域ぐるみの取り組みです。個人的アプローチは，主に学級担任や個別の教師による取り組みです。予防的アプローチは，クラスが荒れないように，また，荒れた場合でもそれが最小限に抑えられるようにする取り組みです。クラスのリスクマネジメントと呼んでもいいかもしれません。また，治療的アプローチは，荒れた場合に状況を改善する取り組みであり，クラスのクライシスマネジメントと言ってもいいかもしれません。

　様々な取り組みを見ていると，①から④までよく整えられ，思わず感心さ

せられる実践をしている学校もありました。その学校では，子どもたちも先生方もとても楽しそうに過ごしているのが印象的でしたが，こうした学校は少数派ではないかと思われます。実質的には取り組んでいるのかもしれませんが，ほとんどの学校では，明確には，クラスの荒れへの予防も治療も意識されていないのではないでしょうか。そうした中で，毎年のように荒れるクラスが発生しているにもかかわらず，リスクやクライシスに無防備な学校もありました。備えが薄い上に対応が不適切だから，いざ荒れが起こると荒れが拡大し，学校全体が疲弊してしまう事態も起こっていました。特に弱いのは，クライシスに対するマネジメントです。荒れてしまうと組織として採用できる手立ては，教師の交代や学級を少人数に分割するなどの方法しかないのが現状です。

図0-1　荒れへの取り組みの分類

　そうなる前に，まず教師が個人的・治療的アプローチの知識と技術を備える必要があります。それを組織として共有すれば，クラスの荒れに強い学校になることができるでしょう。

　本書は，これまであまりフォーカスされてこなかった，④の個人的・治療的アプローチに力点を置いて書かれています。クライシスは，一般的にネガティブな意味で捉えられていますが，そうした意味ばかりではありません。クライシスは，それを克服することで成長や発展をすることが可能な機会でもあります。つまり，クライシスは，ピンチとチャンスという2つの側面をもつ言葉なのです。クライシスに適切に対応することによって，荒れを改善するだけでなく，クラスを育てることも可能なのです。

　小学校における学級崩壊が認知されるようになってから約30年が経とうとしています。未だに有効な解決策が示されていません。荒れ方もかつてとは変化しているようです。子どもたちが教室でバリケードを作って担任を閉め出すといったパワーのある荒れは，まず聞かなくなりました。しかし，そこまでとは言わなくても教師に対する反発やルール違反などの従来型の荒れも依然として存在しつつ，無気力や学校生活への消極的参加といった姿で表出する「静かな荒れ」も広がりを見せています。また，表面的には落ち着いているように見えますが，教師と子ども，子ども同士の関係性は希薄で，ただ一緒に居るだけの「空洞化する教室」も気になります。

　本書は，タイトルにアドラー心理学を冠してますが，前著同様，「アドラー心理学ありき」ではなく，なぜアドラー心理学が学級崩壊の対策に有効な示唆を与えるのかという問いに対する筆者なりの答えを示した後に，アドラー心理学が，学級崩壊の改善にどのように迫ることができるのかを示しました。本書が，皆様の明日からの学級経営や教育活動の何らかのヒントになれば，これに勝る幸せはありません。

赤坂　真二

Contents

2 学級崩壊とアドラー心理学

3 学級崩壊に向き合う

あとがき

学級崩壊を困難な
課題にしている理由

崩壊には基本の型がある

 学級崩壊の本質

　いわゆる「学級崩壊」を国立教育政策研究所（2000）では，「学級がうまく機能しない状況」と表現し，「子どもたちが教室内で勝手な行動をして教師の指導に従わず，授業が成立しないなど，集団教育という学校の機能が成立しない学級の状態が一定期間継続し学級担任による通常の方法では問題解決ができない状態に立ち至っている場合」と定義しました[1]。この定義に大きな違和感があるとまでは言いませんが，かつて小学校の学級担任をしていた筆者の立場からすると，少し焦点が合っていないようなもどかしさを感じます。

　尾木（1999）は，教室がコントロール不能になる状況が，全国的に話題となっていく頃，「小学校において，授業中，立ち歩きや私語，自己中心的な行動をとる児童によって，学級全体の授業が成立しない現象を『学級崩壊』という」と，「学級崩壊」という言葉を直接使用して定義しました[2]。尾木の定義は，

①「小学校」に限定したこと
②「授業不成立」現象としたこと
③クラス全体の問題現象として捉えたこと

によって，その特徴がより明確になっていると思います。

　尾木の視点で重要なのは，特定の子どもの問題として捉えるのではなく，集団としての全体性や小学校という発達段階に注目したことです。これまでも大学の学園紛争，中学校の校内暴力など学校を舞台にした荒れは存在していました。しかし，それらが「学校崩壊」「学級崩壊」と呼ばれることはありませんでした。小学校における「学級崩壊」が，全国に広がりを見せているときでも，中学校の多くで起こっていたのは「授業崩壊」，つまり部分的な機能不全でした。従順さの象徴であった小学生がクラスまるごと統制不能になるということが特徴的だったのです。

② 学級崩壊の基本型

　では，このような現象が「学級崩壊」と呼ばれるようになったのはいつ頃からなのでしょうか。尾木（前掲）は，1994年の小学校の教師との会話で，相手が自分の担任するクラスの状況を「学級崩壊」と呼んだことを報告しています[3]。また，松原（2001）は，1997年くらいから教育雑誌等でそうした内容が扱われたり「学級崩壊」というタイトルが付いた特集が組まれたりして，1998年になると関係の論文が発表されたり，NHKの番組で取り上げられたりして社会問題化したと指摘しています[4]。

　また，朝日新聞社会部もこの現象に注目したメディアの一つですが，1998年秋に，この現象を軸にした企画「学校」を始め，11月，12月，99年2月，3月と4回に渡って報道がなされました[5]。ちなみに，同社は，「学級崩壊」を「小学校で，子どもたちが私語や立ち歩きをし，担任の指導が届かなくなる」現象として説明しています[6]。小学校における教師の指導力の解体現象であることは，尾木の見方と一致しています。

　臨床的には「学級崩壊」という名前が付く前から，このような現象は起こっていたのではないでしょうか。そして，1997～1998年頃に印象的な言葉を獲得することによって，一気に社会全体に認知されるようになったと考えら

れます。先ずは尾木の言うように学級崩壊を小学校における学級全体に対する「教師の指導力解体」として，その特徴を際立たせて捉えることによって，今起こっている学級崩壊がかつての教室の荒れと同様の流れの中にあるのか，また異なった性格の現象なのか理解できてくるのではないでしょうか。

　ただし，誤解のないように付記しておきますが，これは今の教師の指導力がかつての教師と比較して低下したと述べているのではありません。後ほど詳しく述べますが，学級崩壊が起こってきた理由は，拙著で触れたように，教師の力量に関わる個人的要因よりも社会の変化等による社会的要因が主だと考えています[7]。

　河村（1999）は，学級崩壊が社会問題化してきた1990年代の「学級崩壊」を「教師が学級集団を単位として授業が活動を展開することが不可能になった状態，集団の秩序を喪失した状態」と説明し，2つのタイプがあるとしました[8]。ひとつは，「反抗型」で，普段から厳しい雰囲気の学級で，学習指導と生活指導に教師の言動が偏り，その評価が全面に表れたとき，子どもたちが教師を「管理的」だと感じ，教師の権威を認めなくなる場合です（河村，2000）[9]。もうひとつは，「なれあい型」で，これは教師と子どもの仲がいいだけで，子ども同士は互いに他人のままで時間が経過し，小さなトラブルが積み重なって学級がバラバラになるというものです[10]。これら2つのタイプを「学級崩壊の基本型」として捉えておきたいと思います。学級崩壊を理解するときに，この2つの類型を念頭においておくと，理解がしやすいのではないでしょうか。

　当時は，学級崩壊の理由としてどのようなことが考えられていたのでしょうか。松原（前掲）は，以下のような理由を列挙しています[11]。

　　(1)　家族・親子関係の問題

　　　　①核家族化　②少子化　③単身家族化　④十代の母親の増加

　　　　⑤歓迎されないで生まれた子　⑥母親の価値観の変化

　　(2)　教師の問題

　　　　①多様な子どもへの対応不足の教師　②教師の高齢化

③授業の下手な教師　④子ども同士の関係づくりが下手な教師

⑤感情的に怒鳴ったり，体罰を加える教師　⑥えこひいきする教師

(3)　地域・社会の問題

①遊びが不足して，人間関係ができない　②異年齢集団生活が少ない

③文明の利器を使っての一人遊び

④話したり，挨拶をしなくて生活できる　⑤夜型の生活が増えてきた

⑥学習塾通いが多く，既習学習が多い　⑦基本的生活習慣の欠如

⑧マスコミで非道徳的なことを報道する

以上，松原（2001）より

　松原の分析では，家族の問題については，家族や親のあり方の変化によって，子どもの家庭内での立場が変わったことが指摘されています。また，教師の問題については，授業の問題以外は，子どもとのつながりや子どもの社会的能力の育成の問題が指摘されており，社会の問題においては，子どもを取り巻く状況の変化によって，子どもが学校生活を送りにくくなったことが指摘されています。

　また，朝日新聞社社会部（前掲）は，学級崩壊に関する教師，子ども，親から届いた200通の投書から，学級崩壊の要因を分類しています[12]。

(1)　教師（子どもの指摘）

①授業が下手　②大人と子どもの上下関係　③体罰

(2)　子ども（主に大人の指摘）

①一人ひとりがバラバラ　②希薄な正義感　③傷付きやすい

④学習意欲が低い　⑤自己中心的　⑤責任転嫁する　など

(3)　学校システム

①学級担任制の限界　②一斉授業の難しさ　③学級定員の多さ

④年間時数の多さ　⑤余裕のない教師

⑥同じ事を集団でやらされることへの反発

⑦教師が絶対的立場に立とうとすることへの反発　など

(4)　家庭（子ども，教師，親から）

①個性とわがままの区別ができていない

②親の責任を果たさず学校を責める

③『しからない子育て』『のびのび教育』

④自分の子どもしか観ていない　など

(5) 社会的背景

①過剰な習い事　②食生活の影響　③遊び不足

④塾の立場が強くなった　⑤親の学歴の向上

以上，朝日新聞社会部（1999）をもとに筆者が再構成

　松原の考察が現象を俯瞰しているのに対して，朝日新聞社会部のまとめは体験談がリソースになっているので，当事者の実感に密着している印象を受けます。いずれにせよ，世の中の変化により，家庭そして子どもが変化して，学校生活にフィットしなくなり，それを教師が受け止めることができずに関係性の問題が生じていることが構造として見えてきます。

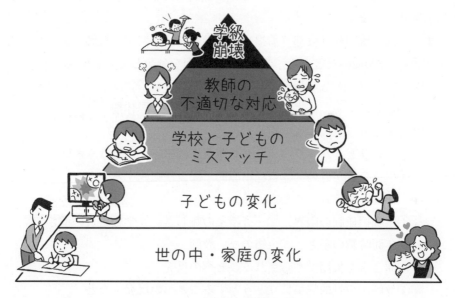

図1-1　学級崩壊の背景の構造

学級崩壊ナウ

 今時の学級崩壊

では現在，どのような「学級崩壊」が起こっているのでしょうか。「学級崩壊」は，かつてと何が変わったのでしょうか。それとも変わっていないのでしょうか。ここ数年に起こった学級崩壊の事例を挙げて考察します。

(1) 初任者と学級経営

事例1 1 小学校3年生／2 令和元年5～6月／3 担任，20代女性
（学年）（時期）（教師）

ある小学校に学習支援ボランティアとして入らせていただきました。その際，新任の先生が持つ3年生のクラスに何度か入りました。印象としては，「これが学級崩壊と言うのではないか」という感じでした。

具体的には，朝の会が成立しない，先生のお話は聞いていない，授業では教科書も何も出さずに机に突っ伏すか，歩き回ってしまう児童がちらほら見られました。担任の先生とは仲が悪いようには見えませんでしたが，すごく荒れていました。

ある時，校長先生が授業中に来ました。その際，その様子を見かねたのか，担任に代わって校長先生が授業を途中からすることになりました。前に立って声を発した瞬間，さっきまで私語が飛び交い，無気力だった児童が目の色

を変えて先生に注目しました。声の大きさは担任の先生のものよりも大きい印象でした。

　そして校長先生の授業では，小さな質問をいくつも投げかけ，児童に発言を求めることが多くありました。挙手をする児童がクラスの中でほとんどを占めていました。そういえば担任の先生の授業では，児童が発言する機会が少なかったようにも思いました。

　その校長先生は一通りやったところで，担任の先生にもう一度バトンを渡しました。その際担任の先生にも問いを投げかけ，考えさせる場面がありました。担任の先生は，最初こそ悔しそうでしたが，校長先生からわかり易いフィードバックをもらっているときは真剣な眼差しになっていたように思います。

- -

え～？　どうして，校長先生だと，あの子たち話を聴くわけ？

え～？　どうして，他の先生の発問にはあんなに食いつくの～？

え～？　学級経営？　何，それ？

え～？　そんなの大学の授業になかったし～

え～？　朝の会？　掃除？　給食？
何すんのさ～？

え～？　私語してる？　寝てる？
教育実習のクラスでは，あり得なかったし～

え～？　喧嘩してる～！　どうすりゃいいんだよ～

え～？　学級経営って教科書ないの～？

え～？　学級経営っていつやんの？　どうやんの？

これはある学生が見取った学級の姿です。初任の先生ならば，誰もが一度は経験するような事例かと思われます。大学の教員養成において，学級経営に関する学習ができているかというとけっして十分とは言えず，むしろ，「不備」と言っていい状況ですから，多くの初任の先生が，学級経営に苦しむのは無理もないことです。ただ，大学で学級経営を学んだからといって，こうした事態が回避できるわけではありません。ただ，どうしてそのような事態になっているかは理解できるはずです。理解できれば，改善の手を打つことも可能です。事例の先生は，学ぶ気力があるようなので，この後のふんばりに期待したいところです。

　このクラスの場合は，まだ授業者が変わると，教育活動が成り立っています。しかし，学級担任が授業者になると，学級の機能の低下が見られます。荒れの初期の段階です。教師と子どもの関係レベルの荒れで，子ども同士の関係性にまで荒れが及んでいません。きっと子ども同士はまだ，つながっている段階だと思われます。しかし，これを放っておくと，教師が信頼を失い，教師の指導力が解体される恐れがあります。

(2)　ベテランと気になる子

📖 事例2　1 小学校1年生／2 平成28年，9月頃
　　　　　 3 担任，40代後半女性

　すぐ暴言を吐いてしまったり手が出てしまったりする子が多々おり，何もしていないのにその子から暴言を言ったり，ちょっかいを出したりしていました。そこから仕返しのように喧嘩がクラス内で2つ3つ勃発していました。その頃には教室に先生が3，4人常にいる状態でした。喧嘩を止めたり頭を冷やしたりの指導があるため，授業は進まず子どもたちも教師も困っていました。

　1学期から起こっていたようで，これでも2学期は落ち着いたと言っていました。中でも1番目立っていたのがAくんで，薬でそのような言動は抑え

られてはいましたが，新しく薬を変える段階の1ヶ月間は，薬なしだったため薬服用時期よりもひどく，人に会えばちょっかいを出し，二言目どころか一言目に暴言を吐く，という様子で，教室にはAくんに付きっきりの先生が常にいました。周りの子はAくんがそのような言動をしているのを見て，そういうことをしてもいいと思い，喧嘩が常時起きていたと考えられます。

　先生方曰く，クラス分けがよくなかったとおっしゃっており，1年生はどんな子かわからないからこういうことが起きやすいとおっしゃっていた気がします。結局Aくんは，次年度より特別支援級に在籍することになりました。

- -

　これだけ読むと，特別な支援を要する子どもの不適切な行動の連続による学級機能の低下のように思えます。しかし，こういう場合に，教師の対応は意外なほど話題となりません。クラスが始まってみないとどんなクラスになるかわからないのは，どの学年どのクラスでも同じことでしょう。1年生は予測がさらに難しいかもしれません。クラスの荒れというと若手教師の悩みとして捉えられることがありますが，皆さんが周りを見渡してみればおわかりのように，クラスの機能低下に悩む教師は新人教師ばかりではありません。

　では，さらにベテラン教師の事例を2つ続けます。

事例3　1 小学校6年生／2 令和元年／3 担任，50代男性

　担任への小さな不信感が積もり積もって無気力または，爆発という両極端な形で児童らの気持ちが表出した感じです。

　4月は何事もありませんでした。5月の運動会練習の頃から担任の誤解により児童の正しい行いが注意されたり，担任の言葉足らずな面で児童が担任を誤解したりといったことが何度も続きました。

　次第に担任へ不信感が募り，「この先生の下では楽しくは過ごせない」と諦めてしまい無気力状態で宿題やノートを取らなくなってしまう児童と，校地内外へ脱走する，棚に登る，私語をする，床に寝転ぶなどの反抗的態度を示す児童とでほぼ半々に分かれるようになりました。担任の小さなミスを見

つけ，喜びながら揚げ足どりをする風潮にもなっていきました。

　一方担任は，児童とのすれ違いに神経がすり減り，注意をする気力も失っていきました。極め付けは7月，担任の些細な言い間違いを発端とする児童から担任への「帰れ」コールでした。担任は病休になってしまいました。

　ちなみにその後，ほとんどの児童は自分たちの行いを深く反省しました。しかし同時に「自分たちも悪かったが，担任にも非があった」と考える児童も半数ほどいました。また卒業の頃になっても「自分たちが悪いとは思ってない」「むしろ担任には謝ってほしいくらい」と言う児童も1割ほどいました。

- -

事例4 　1　小学校4年生／2　平成29年／3　担任，50代女性

　担任にその自覚はないようでしたが，担任の一部児童へのあからさまなひいきをするような発言が続きました。

　自分の言うことを聞かない児童を発達障害児扱いしたり（保護者にもそう伝えた），学級の全員にその児童への不満を言わせたりしていました。また，ある児童の発達に関わるプライバシーを他の保護者へ教えてしまったこともありました。熱で早退した児童の家庭に連絡を怠り，何も知らずに夜遅く帰ってきた保護者が家の中の玄関で倒れている我が子を発見し大問題になったこともありました。

　担任はときには感情的になり，児童の前で泣いて訴えることもしばしばありましたが，教室の内外で規範意識がみるみる低下していきました。廊下を走る，時間を守らずいつまでも遊ぶ，掃除をしない，授業中の私語，児童同士の陰口や喧嘩，担任を呼び捨てにしたり悪口を言ったり，親を巻き込んだ喧嘩が起こったり，もう学級とは呼べない状況になっていました。

- -

　事例からは，明白な担任による不適切な指導が見られます。しかし，ひょっとしたらこの教師たちは過去に，こうした指導が許容されていた現実があったのかもしれません。担任の指導だけ見れば，確かに不適切です。しかし，

担任は，そこまで不適切だと思っていないようです。子ども，保護者，世の中の変化に合わせて，指導観や指導法をアップデートできてこなかったベテランの姿が垣間見えます。

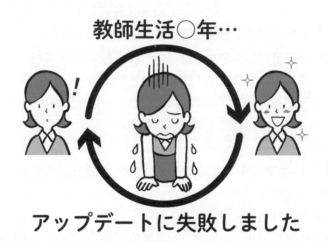

(3) つながれない子どもたち

事例5 1 小学校4年生／2 平成30年／3 担任，30代男性

　異動後に担任した4年生でしたので，それまでの子どもたちの育ちはわからない中でスタートしました。4月から感じていたのは，意欲の低さからきているのか，反応が返ってこないということでした。いいと思っているのか，理解しているのか，その手応えをなかなか感じることができずにいました。

　私はより自分の考えを強調し，価値を伝え，半ば押し付けるようになっていきました。すると，子どもたちから反発の声が聞こえるようになってきました。それは，おそらく自分たちを認めてもらっていないということの表れであったと思います。それでも，子どもたちのやってみたい気持ちと重なると，とても楽しい時間を過ごすこともありました。

　しかしこのことは，見方によれば，子どもたちは，教師の提案が自分のニーズとマッチすれば楽しみ，そうでなければ拒否をするというようにも見え

ます。これまで子どもたちは，無理やり押さえつけられることがあったり，自分たちの主張を認めてもらうという経験を十分にしてこなかったりしていたのかもしれないし，親和的なつながりを求めていたのかもしれません。私は，子どもたちの表に現れる反応ばかりに気をとられ，彼らの心の奥の不安や満たされなさに気づけていなかったのかもしれません。

　子どもたちの関係が一進一退しながら迎えた2月下旬に，ある女子児童との関係悪化を原因にクラスが落ち着かなくなってきました。そのような姿はクラスへも悪い影響を与えていました。しかし，一方で鉄棒遊びを通して，ともに楽しみ，できたことを認め合うことができた子どもたちは，そうした状況の中でもつながり続けることができていました。今思えば子どもたちの思いがまだらに広がったクラスであったのだと思います。

　この事例からは，教師と子どもがつながろうとしてもつながれないジレンマ状況が読み取れます。教師も子どもも信頼関係を築けそうで築けないといった中間地点をゆらゆらしながら，一人の女子との関係悪化をきっかけにクラス全体が落ち着かなくなっていったことがわかります。学級崩壊と言える状況かどうかはわかりませんが，子どもとつながることは容易ではないことが窺える事例です。

　報告には直接書いてありませんが，報告者からの事後の聞き取りでは，前年度の学級内の人間関係が，所謂「鵜飼い型構造」だったのではないかと言っています。「鵜飼い型構造」とは，学級内の人間関係が教師と子どもの関係性の構築で留まっていて，子ども同士の関係性が希薄で，「教師としかつながっていない」状態です（赤坂，2016）[13]。勿論，その見解は，目の前の子どもたちの様子からの，過去の様子に対する推測や憶測であることを考慮して受け止める必要があるでしょう。仮にそうだとすると，このクラスは，教師との密接な関係に強く依存した形で成立しているので，前年度の担任への感情的執着が見られ，新しい担任に子どもたちが馴染みにくい傾向があったのではないかと推察できます。また，それと同時に，子ども同士の人間関

係が未形成なので，子ども同士のトラブルが起きやすく，他者に対する不信感も伝搬しやすい構造にあったと言えるかもしれません。

しかし，この傾向は，近年に特有の傾向ではありません。私が学級担任をしていた10年以上前からあちこちの教室で見られましたし，私自身も経験しました。また，一部の子の不信感が学級全体に広がり，通常の教育活動に影響を及ぼすようになるというのは，思春期の女子，所謂，小学校高学年女子には見られます。ただ，それと同様のものかどうかは，更なる検討が必要だと思います。

(4)　不適切な介入

学級崩壊は担任の力量も問題として語られることがよくありますが，他の教師による「不適切な介入」によって荒れが助長されることもあるようです。

事例6 1 小学校5年生／2 平成26年
3 担任，40代女性，教頭，50代女性

　学級経営が怪しくなり始めた頃に，教頭が突然そのクラスの担任と一緒に黒板の前に立ち，「あなた達，先生に不満があるから色々な悪いことをしているんでしょう？　今日は特別です。担任の先生への不満を全部お話してください！」と，クラスの全員に担任の不満や要望を言わせました。

　それをきっかけに，子ども達は「俺たちではなく担任が悪い」と言い始め更に崩壊が進行しました。2学期からは，教頭の指示で空き時間の担任達がそのクラスに1時間だけ教科担任のように入ることになりました。

　担任が望んだわけではないのに，他の担任たちからの「私の空き時間があなたのせいでなくなった」「あんなひどいクラスに入れられてつらい」というクレームを受けるようになりました。担任は，そうした状況に一年耐え続けて異動しました。異動先では担任はもたず，少人数指導の担当になりました。その後，教頭は別の小学校の校長に昇任されました。

- -

　管理職がよかれと思って介入した結果，荒れが更に拡大し，なおかつ，担任が職員室でも居場所を失っていく結果となりました。ここからわかることは，管理職も荒れを改善する有効な手立てをもっていなかったことです。また，この職員室の場合は，荒れているクラスの担任をサポートするという同僚性のようなものが醸成されていないことも窺えます。

　担任の教師は，それまでは校内や地域では実力者として知られていました。しかし，このことをきっかけに学級担任にはならずに，主に少人数学級を担当するようになったそうです。一方，当該の教頭は校長になられたそうですので，どのような学校経営をなさっているのか気になるところです。少人数担当がどうだと言うわけではなく，学級崩壊は，教師のキャリア形成にも影響を及ぼす場合があるということは言えそうです。

あなた達，先生に不満があるから色々な悪いことを
しているんでしょう？　今日は特別です。担任の先
生への不満を全部お話してください。

マジ？
言っても
いいんすか？

(5)　欲求不満の爆発

　さて，次の事例は，初任者の先生の事例です。上記のようなことが起こっ
てからの学校側の不適切な対応も見えますが，問題はそれだけではないよう
です。

事例7　1 小学校3年生／2 平成30年4月から／3 担任，20代女性
　先生への暴言，暴力や一部同調する男子の「初心者先生」「初心者やから
しょぼい」などの発言がありました。雰囲気の悪さに登校を渋る子が1，2
名おり，スクールサポートで先生が入りましたが，子どもたちと関係性をつ
くろうとするとベテランや管理職の先生が止めに入ります。「担任の立場が
なくなる」とのことでした。「強い指導」ができる教頭や教務がサポートす
べきと言うわりに，「強い指導」をするタイプの生徒指導主事（副担任）で
も崩壊を食い止めることができませんでした。
　初任者の担任に何度も職員室への呼び出しボタンを押させ，「教頭くるか
ら座ろうぜ！」がパターン化し，ゲームを楽しむかのような姿が見られてい
ました。

子どもたちが初任者の先生をバカにするような言動をしています。荒れを食い止めるためにサポーターの方が入っていますが，対策を講じようとしても，ストップをかけ，強い指導で荒れを押さえつけようとしている学校側の姿勢が見られます。しかし，その力による指導も成功しておらず，荒れを抑止できないどころか，一部の子どもたちによってゲームとして使われてしまっているようです。

　次に示す事例は，そうした力の指導の影響が考えられるものです。

- -

📖 **事例8** 1 小学校4年生から5年生にかけて／2 平成29年，平成30年

　　　　　3 4年次担任，3年目30代女性，5年次担任，50代後半男性

　テストを捨てる，投げる，授業中に座らない，床で寝る，紙飛行機が飛ぶ。授業中の副業者多数（研究授業でも同様）です。特別支援を要する児童が多く，そうした男子同士でのトラブルが多発していました。

　私の地域では，管理型の校長や他クラスの先生が，子どもたちを締め上げるという古い立て直しパターンで進級し，その翌年に，崩壊するというのが基本的なパターンでした。このクラスも，荒れると管理的指導の教師が入ることによって押さえつけ，担任だけになると荒れ，そして，また押さえつける，を繰り返すだけで，改善にはつながりませんでした。

- -

📖 **事例9** 1 小学校4年生／2 令和2年／3 担任，40代女性

　男子と女子が同じ人数にもかかわらず，男子が強く，女子はなかなか自分の意見が言えません。1クラスしかなく，幼稚園の頃からほぼ同じメンバーで構成されています。昨年まで厳しく育てられてきた子どもたちですが，担任が代わってから，複数の男子の自制心がなくなり，自分勝手なことを言い，暴言やときには暴力が出ています。保護者の方の話では，様子が全く違う男子もいれば，学校と同じような様子の男子もいるようです。男子の中にクラスの陰のリーダーがおり，その子どもによる暴言や暴力があったためか周りの男子は彼に反発することはなく，言われた通りにするばかりです。その子

どもの行動を真似してふざけたり，暴言を言ったりする姿が見られます。

　ふざける男子たちは，一人ひとりになると，素直に自分を出してくれますが，集まると，どうしてもふざける雰囲気に同調してしまいます。まわりの子もアドバイスをしていますが，なかなか素直になれません。

　事例7から9に共通して見られるのは，特徴的な指導をする教師の存在です。そうした教師を事例8の報告者は，「管理型」の教師と呼んでいます。子どもたちの逸脱行動には，強く叱責したり時には怒鳴ったりすることも辞さない教師のことだと考えられます。そうした指導で子どもの逸脱行動を一時的に抑止できる教師を「圧の強い」教師と呼ぶとすると，「圧の弱い」教師の前では，たがが外れたようにはじけ，叱られたり怒鳴られたりすると一時的に静まることを繰り返している子どもたちの様子が窺えます。また，事例9では，

　前年度に「圧の強い」教師が指導していて，次の年に「圧の弱い」教師が担任になるとクラスが荒れる

という状況が報告されています。事例8では，そうした現象がパターン化している地域があることが報告されています。

⑹ 荒れを認知できない教師・認知しようとしない教師

　ここまでの事例は，クラスの機能が低下し，苦悩する担任の姿が見られますが，「クラスが荒れると教師が悩む」という単純な構図ばかりではないようです。

📖 **事例10** ┃ 1 小学校4年生／2 平成24年／3 担任，50代半ば男性

　担任の前では，押し黙る子たち。担任曰く「よくしつけた」そうです。しかし，縦割り清掃や担任出張時は，無気力だったり，直接的反抗をすることはないものの，指示することをスルーしたりします。他の教師から，担任不在時の実情について報告があると，「それはお前の指導力がないんだ，舐められてるんだ。あいつらはよくわかってるんだな」と言って気にとめようとしません。「俺の授業を見せてやるから勉強にこい」が口癖です。

📖 **事例11** ┃ 1 小学校5年生／2 平成29年／3 担任，20代男性

　1人の子を全体の前で1時間以上叱るのが毎日のように繰り返されています。登校を渋る子が出始めると「あいつは甘えている」「保護者が甘い」と周囲に愚痴を言います。女子たちは，担任をスルー。しかし，担任は「可愛い子たちだ」と賢い子たちを贔屓するような言動。保護者からは「子どもを人質に取られているので何も言えない」との声もあります。

📖 **事例12** ┃ 1 小学校低学年／2 平成24年／3 担任，50代女性

　低学年しか持たない，学年主任も断る。研究授業は毎年同じ単元の同じ授業です。もちろん同じ指導案を使い回しています。「うちのクラス，可愛いやろー」といつも職員室で子どもたちを可愛がる発言をするものの，教室では怒鳴りちらす声がよく聞こえ，教室でいじめが起きても，「あれはいじめではない」「ちょっとふざけすぎただけ」「もう仲直りしてるから大丈夫」と否定します。ご本人は，心から可愛がっているつもりらしいのです。教室で

は立ち歩く子どもが多数，大騒ぎしているにもかかわらず，学年の他の教師に誰にも相談していません。「可愛い」で，全てを片付けてしまいます。

　事例10から12では，周囲の職員は，「荒れている」と捉えているにもかかわらず，担任はそれを認知していません。本当に認知できていないのか，何らかの要因によって状況を認めようとしていないのかはわかりませんが，いずれにせよ，周囲の捉えと担任の捉えの間に乖離が起こっているようです。

　他者から指摘された事態に対して，事例10の教師は「他の教師の力量に問題がある」とし，事例11の教師は「当該の子どもに問題がある」とし，事例12は，「可愛いという捉え」で片付けてしまうなど，その向き合い方は異なりますが，共通しているのは，状況の「合理化」ではないでしょうか。

　他者の指摘や子どもたちの姿には向き合うことなく，自身に都合のいい解釈をして正当化

しているようにも受け取れます。また，興味深いのは，教職経験を多く積んだベテランだけでなく，20代の若手教師も含まれているということです。

(7) 荒れを認知できない職員室

事例13 1 小学校4年生／3 平成22年／4 担任，40代女性

　3年生の時の担任（講師）の，指導が厳しく威圧的になっていることがありました。それは，職員室の一部の教師の間でも話題になっていました。学年主任が何度か指導しましたが，改善は見られませんでした。子どもたちは，大人しく指示に従っていることが多かったです。

　4年生になり，他の学校から異動してきたベテランの女性教員が担任になりました。とても優しくて力のある先生と聞いていました。運動会の練習が始まった辺りから，授業中に教室を飛び出す子どもが目立ち始めました。学級内でのもの隠しが頻繁にあり，授業時間を使って学級みんなで探していたこともよくありました。授業が成立しなくなり，担任の言うことを全く聞かなくなり，そのうち教師いじめが始まりました（給食にチョークの粉を入れる，頭から鉛筆削りのカスをかける，無視するなど）。気がついた他の職員が管理職に報告。管理職や級外の職員が授業に入るようになりました。担任は病休で休むようになり，その後退職しました。

　校舎の造りも関係しているのですが，そのクラスだけ，校舎の一番端で，隣接している他学級がなく，教室内で起こっていることに他の教師は気がつきませんでした。その先生も，取り返しがつかない状況になるまで，SOSを出しませんでした。また，その学級には，ADHDの男児と家庭支援が必要なボス的存在の女児が学級に強く影響を及ぼしていました。大きな学校で，他の学年部の様子が見えづらく気がつきませんでした……。とても温かな印象のお母さんみたいなベテラン先生だったので，もっとみんなで何とかできなかったのか……と思っています。

これまで紹介した事例のいろいろなエッセンスを包含している様な事例です。まず、「圧の強い」教師の後に「圧の弱い」教師が担任したこと。そして、実力者と見られる「ベテラン教師」であること。「特徴的な行動をする子ども」が在籍していたことなどです。そして、この事例において特に注目されるのが、他の教師が荒れを認知できなかったことです。報告者はその理由として、校舎の造りと担任がSOSを発信できなかったことを挙げています。

　しかし、どうなのでしょうか。私が、小学校の学級担任だったときは、小規模校でなくても、自分のクラス以外の子にも話しかけていましたから、廊下を歩けば、不特定多数の子が話しかけてきました。そうしていると、他のクラスの異変は、それとなく伝わってきました。また、管理職は校舎内を見回っていなかったのでしょうか。事例の学校の管理職は他の教師から報告があってから動き出しています。動かないよりはいくらかマシですが、対応が遅すぎるような気がします。

② 事例から得られた8つのメッセージ

　これらのクラスの荒れの事例から、ここ10年以内に起きた小学校における荒れの姿として以下のようなことが指摘できるのではないでしょうか。

①教師の教職年数や性別は関係なく、実力者と評判の教師のクラスも荒れる。

　経験年数の浅い教師の教室が荒れることはこれまでも言われていました。一方で、ベテランの教師にも、自分の力量をアップデートせずに、以前上手くいった方法で、現在の子どもたちに対応しようとしている姿が窺えました。

②発達の問題、家庭の問題などその背景は様々に想定されるが、特徴的な行動をする子どもが存在し、その指導に苦慮している。

　よく発達障害の子どもと学級崩壊の因果関係が注目されますが、指導の難

しさの背景要因は多様です。そのような指導の難しい子どもへの対応がうまくいかないためにクラス全体を荒らしてしまうことがありました。

③一部の子どもとの関係悪化をきっかけに不信感が一定数以上の子どもたちに伝搬し，クラス全体が落ち着かなくなる。

これも一部の子どもへの対応がうまくいかなかったことと似ていますが，一部の子どもとの関係がうまくいかないことが，クラス全体に伝搬してしまうことがあるようです。これは，教師と子どもたちのつながりが弱いこともありますが，子ども同士の関係性も弱いと考えられます。不安定な人間関係の中で起こる特定の関係性における亀裂は，次々と他の関係性を断ち切り集団全体の落ち着きを欠く結果となっていくようです。

④担任外からの不適切な支援によって荒れが助長，拡大される。

管理職などの指導層と呼ばれる人たちも，クラスの荒れに対する適切な支援方法を知らない場合があり，「よかれ」と思ってしたことが裏目に出て，担任を追いつめるだけでなく，職員室全体にも影響を及ぼしてしまうことがあることがわかります。

⑤クラスの荒れを学級担任本人が認知できない，または，認知しようとしない。

クラスの荒れを認知しようとしない教師，認知できない教師がいることの可能性が示されました。これまでのいくつかの著書で指摘してきましたが，教員養成や教員研修でカリキュラム化されない学級経営においては，それぞれの教師の私的イメージや私的論理が優先されてきました。それはある面で教師の創造性が尊重され，教職の魅力の一部を創ってきたことに間違いありませんが，一方で，度が過ぎた教室の私物化を起こしてしまっているのでしょうか。

⑥前年度落ち着いているからと言って，次年度荒れないという保障は「全く」ない。

　いくつかの事例から示されているのは，担任が代わったことによってクラスの様相が一変するということです。クラスの「いいも悪いも担任次第」の状況は，かつても見られましたが，そうした傾向が強まっているのでしょうか。誰が担任しても大丈夫な，「安心できるクラスはない」と考えた方がよさそうです。

⑦前年度またはそれ以前に「圧の強い」教師が担任した後に，「圧の弱い」教師が担任している。

　事例の報告者の中には，「自分の地域の荒れ（学級崩壊）は，このタイプが多い」と言う方もいました。比較的多くの荒れの事例の陰に同様の状況があるのではないかと予想されます。よくこうした事例があると「管理的」と表現されますが，本来の管理の意味（「管轄し，処理すること。良い状態を保つこと，とりしきること」広辞苑）とは異なりますから，本書では「圧の強い」リーダーシップと表現しました。圧とは「押しつける力」（広辞苑）のことを言いますので，こちらのイメージの方が近いのではないでしょうか。圧のかけ方は色々です。大きな声で怒鳴ったり，批判したり，問い詰めたり，場合によっては，泣いたりすることもあります。

⑧校内で職員集団が荒れを認知できないと共に，管理職も認知できていない。

　一部の学校で高学年を中心に教科担任制が実施されていますが，多くの小学校が学級担任制です。教室は「密室」になる可能性があります。しかし，いくら学級担任制と言えども，4年生をたった一人の教師で授業をしているとは考えにくいです。

　理科や書写など特定の数時間は他の教師が入ることになっているはずです。そうした時間に授業をしていた教師は気づかなかったのでしょうか。それとも，子どもたちが周到なまでに担任と他の教師とで完璧に態度を切り替えて

いたのでしょうか。そんなことが子どもたちにできるものでしょうか。

　また，そこまで追いつめられていたのなら，職員室での担任の表情や様子で気づくのではないでしょうか。職員室でふさぎ込んでいたり，口数が少なくなっていたりしたことはなかったのでしょうか。職員同士のコミュニケーションはとれていたのでしょうか。疑問が残ります。

　こうして学級崩壊の事例を集めてみると，学級経営の問題だけでなく，荒れを立て直すための支援ができない管理職やコミュニケーション不全を起こしている職員室など，学校経営の問題も見えてきます。

教師の教職年数や性別は関係なく，実力者と評判の教師のクラスも荒れる。

特徴的な行動をする子どもが存在し，その指導に苦慮している。

一部の子どもとの関係悪化をきっかけに不信感が一定数以上の子どもたちに伝搬し，クラス全体が落ち着かなくなる。

担任外からの不適切な支援によって荒れが助長，拡大される。

クラスの荒れを学級担任本人が認知できない，または，認知しようとしない。

前年度落ち着いているからと言って，次年度荒れないという保障は「全く」ない。

前年度またはそれ以前に「圧の強い」教師が担任した後に，「圧の弱い」教師が担任している。

校内で職員集団が荒れを認知できないと共に，管理職も認知できていない。

学級崩壊ナウ

③ 天然の学級崩壊，養殖の学級崩壊

　1990年代後半から認知され始めた学級崩壊の流れをまとめると次のようなことが言えるでしょう。

　認知された始めた頃の従来型の学級崩壊は，主に，河村が指摘した「反抗型」と「なれあい型」でした。その要因は，教師の指導力に関わる教育実践的な要因もありますが，その不具合を浮き彫りにしたのは，社会的要因，つまり世の中の変化だったと考えられます。教師の権威に対する正当性が，相対的に弱まっているにもかかわらず，教師が自分本位に指導しようとしたことに対して反発をしたり，教師が子どもとの親和的な関係性だけに依存して子ども集団を育てることを怠ったために，なし崩し的に集団が壊れていったりしたのだと考えられます。後者の場合は，子どもの変化に応じて，意図的に集団育成をする必要があるにもかかわらず，それをしなかったためです。つまり，本書で「基本型」と呼んだ2つのタイプの学級崩壊は，自然発生的に起こるべくして起こったと考えるのが妥当です。

　一方，近年起こっている学級崩壊は，従来の，教育実践的要因や社会的要因などに加えて，学級崩壊や学級経営に対する学習の不足や学級崩壊に対する体制整備の遅れ，不適切な介入や過去の不適切な学級経営や担任の指導行動の影響などと共に，今回挙げられた事例では直接報告されていませんが，2007年，学力調査が開始されてから多くの自治体が作成し，現場に徹底を求めた，「学習スタンダード」と称される学習のきまりの影響が見られます。

　学習スタンダードに始まる，共通の行動様式を求めるきまりは，生活のあちこちに及び，「（グー，ピタ，ピンに象徴される）姿勢指導」「授業の挨拶の後，教師の顔を2秒見ること」「筆入れの中身」「下敷きの色，柄」「清掃の仕方」「教室の掲示物の内容と貼り方」「ランドセルロッカーの整理整頓の仕方」に至るまで，児童生徒の生活，行動を隅々まで，規定するようになりました。こうした正当性や必然性により，子ども側からは想像しにくい多く

の細かな事項を教師が指導しなくてはならなくなり，指導や要求が多くなり，指導力の弱い教師が子どもの不信感を買い，クラスが荒れるという例もよく聞くようになりました。

　このように，従来の学級崩壊は，社会の変化に応じて自然発生的に起こってきた，「天然の学級崩壊」と呼べます。一方で，近年の学級崩壊は，何らかの対応で防いだり緩和できたりしたかもしれない人為的なもの，つまり「養殖の学級崩壊」とも呼べる現象と見ることはできないでしょうか。

学級崩壊の解決を困難にしている構造

 個人的な力量の問題とされる学級崩壊

　「学級崩壊」とまで呼ばれるようになった，小学校を中心としたクラス全体が混乱する状況は，世の中に認知されてから30年近くが経とうとしていますが，改善されるどころかより複雑さを増し，今もなお，学校現場を悩ませる深刻な問題として存在し続けています。

　なぜ，このような事態になっているのでしょうか。

　学級経営研究会（1999）は，学級崩壊の要因について「教員の指導力不足が7割に確認されたことから，教員の指導力がいかに重要かを示すと同時に教員の指導力とは異なる要因で学級崩壊が生じている」と指摘し，全国の多様な事例をもとに分析した結果を踏まえ，今後の取り組みの課題を示しました[14]。

　学級経営研究会の報告が，どの程度，学校現場に周知されたかどうかはわかりません。しかし，学級を荒らしてしまう教師がいる一方で，学級を荒らさず，また，荒れた学級を立て直すような教師も同時に存在したことや学級をまとめることが学級担任の責任であるという伝統的な捉えが，学級崩壊における教師の力量をクローズアップさせてしまったのではないでしょうか。学級経営研究会の報告は，学級崩壊が教師の力量の問題であるとする認識に

お墨付きを与えたのかもしれません。

　それに対して須藤（2015）は，学級崩壊に関連する各種調査データを分析し，学級崩壊をミクロ要因（教育実践的な要因）とマクロ要因（社会構造的な要因）から考察し，異なるニュアンスの主張をしました[15]。須藤は，ミクロ要因（教育実践的な要因）として，小６が荒れやすいこと，若手教師とベテラン教師の教室が荒れやすいこと，学級規模が大きいと荒れやすいこと，そして，子ども，家庭，教師に問題がある場合に荒れやすいことを指摘すると同時に，これらのことは，学級崩壊が認知される以前からも起こっていて学級崩壊特有の現象ではないとしました[16]。

　そして更に，日本社会の高学歴化が進み，保護者，子どもから教師への尊敬が低下したことによる教師の地位低下，また，選択と結果の即時性が保障された消費社会が浸透し，学校生活に苦痛と違和感を抱きやすくなったこと，また，情報社会が浸透し，授業に魅力を感じる子どもや保護者が少なくなったことなどのマクロ要因（社会構造要因）が，近年の学級崩壊をもたらしていると指摘しました[17]。須藤は，学級崩壊は「時代の流れとして必然的に生じたもの」として，学級崩壊の原因を分析をするときに，特定の子どもや保護者や，教師の実践だけを見るのではなく，社会的要因にも目を向けるべきだと主張したわけです。

　学級経営研究会は，学級崩壊の要因の７割を教師の指導力不足としました。この教師要因をミクロ要因として捉えることができると思います。須藤の研究からは，残り３割とされる「教員の指導力とは異なる要因」も見据えるべきであることがわかります。学級崩壊の事例の７割に教師の指導力不足が確認されたからといって，そこにマクロ要因が無関係であるわけがありません。ほとんどの学級崩壊の事例の背景には，マクロ要因があったと考える方が妥当でしょう。

② 学級崩壊再生産サイクル

　学級崩壊の事例を調べてみると，学級が荒れる学校は，学級の荒れを繰り返していることがわかります。荒れを繰り返す学校には，図1−2（p.42）のようなサイクルが回っていることが見受けられました。

　担任の不適切な指導なのか子どもの特徴的な行動なのか，荒れの発端は様々ですが，荒れる学級には教室内の人間関係の悪化が確認されます。教師と子どもの関係が築かれないことについては，教師の指導に問題がある場合もあれば，それまでの不適切な指導態度の問題も指摘されました。いわゆる，力をかける指導をする教師の存在です。子ども同士の場合は，子ども同士の関係がそもそも希薄である場合もありました。

　そのような状態において，学級担任の不適切なマネジメントがありました。また，時には，管理職等の外部からの不適切な介入が見られた場合もありました。外部の介入によって更にクラスは荒れ，学級担任はますます追いつめられていきました。

　そこで注目したいことは，先に挙げた事例のほとんどにおいて荒れの回復が確認されていないことです。改善が見られないからこそ，報告者から学級崩壊の事例として知らされているのでしょうから当然と言えば当然ですが，事例だけを見ていると「荒れたら終わり」という印象すらあります。

　学級崩壊後どのように対処したかを現役の教師に尋ねてみると，以下のような対応でした。

①人を代える。
　所謂担任の交代によって治めます。
②力で押さえる。
　担任が子どもたちをコントロールできなくなったときに，サポートの教師が介入します。その教師は，「圧の強い」教師が配当される場合があります。

サポート教師が常駐する場合もあります。

③**分散させる。**

　国語や算数など主要な教科を中心に，その時間だけ少人数指導をします。担当するのは担任と学級担任外の職員が多いです。

④**荒れが過ぎ去るのを待つ。**

　上記の①〜③のような対応をしながら，当該の子どもたちが進級したり卒業したりするのを待ちます。実際には待っているというよりも，対応をしているうちに年度が変わるという感覚です。

　②のサポート教員の配置は，「圧の強い」教師の配置を意味することが多々あり「圧をかける」と言い換えてもいいかもしれません。

　①〜③のような事態にならなかった教師も，進級までどうにかしのぎ，翌年度で担任を交代するということでなんとかやりきっているようです。①〜③の対応が無駄だとは申しません。限りある人的資源の中で現実的な対応をするとしたら，それらの選択肢しかないという状況も理解できます。しかし，問題はその後です。

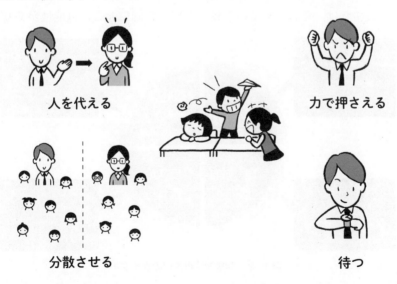

人を代える　　　　　　　　　　　　　力で押さえる

分散させる　　　　　　　　　　　　　待つ

クラスが荒れ，保護者も巻き込み，そして，少なくない数の職員が疲弊したにもかかわらず，荒れの再発を予防するような取り組みをしないという事例を見聞きします。一方で，次年度から学級経営に関する内容を校内研修に取り入れて全校体制で取り組むような学校もあります。然るべき予算を確保して，専門家を年に複数回招聘し，同様の事態にならないように準備する学校も存在します。また，伝統的な教科指導の研修をしていた学校でも，子どもたちの変化を敏感に察知して，研修の中心を教科指導から学級経営に移行させた学校もあります。

　ただ，このように学級崩壊などのクラスの荒れに対して組織的な学習をする学校は，少数派だと認識しています。毎年のように荒れるクラスが出ているにもかかわらず，校内研修ではひたすら教科指導を続けている学校もあります。教科指導の研修をしていることが悪いと言っているのではなく，「重み」の問題を指摘しているのです。小学校の教師は，年間1,000時間近くの授業を実施します。また，子どもたちの学校生活の約7割は，授業時間です。そのほとんどが教科指導の時間ですから，教科指導の充実のための研修はあって然るべきです。しかし，前述したように，学級崩壊の主な要因は社会的要因だとすれば，それは全ての学校，全ての教師に起こる可能性があり，危

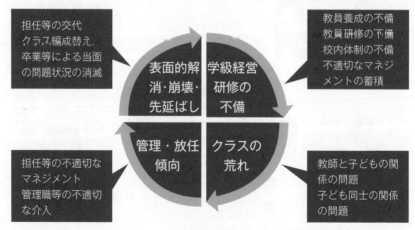

図1-2　学級崩壊再生産のサイクル

機管理の視点からも全ての学校，全ての教師が学ぶべき内容と言えないでしょうか。

　ある学校では，年度途中から学級のいくつかが荒れ出し，来年度の校内研修の方向を決めるときに，学級経営をテーマにしようとしたら，ベテラン勢が「学級経営は個人でやるもので，学校全体でなんかやるものではありません」と発言したそうです。中堅や若手は，誰もそれに反論できずに，次年度の研修も教科指導で進めることになりました。

　また，学級経営を学校経営の中心に据えて学校づくりをしていた校長が，退職前に私に話してくれたことが印象的でした。「多くの校長が，いい学校をつくりたいと思っている。でもね，そのための具体的な方法をもっている校長はほんの一握りなんですよ」

　先ほどのベテランの発言が，現在の学校教育の学級経営に対する姿勢を端的に表していると思います。それは，学級経営は組織的に取り組むものではない，という認識です。校長に学校づくりの具体的なイメージがなく，かつ，学級経営は個人で取り組むものという認識だったら，学校内のパワーバランスから考えれば，組織的に学級経営のような領域を学ぶということにならないのは当然のことでしょう。

　学級経営は個人で取り組むものという認識が，今なお一般的ならば，学級崩壊も個人の教師の問題として解釈されるのは無理がありません。「人を代える」「力で押さえる」「分散させる」「荒れが過ぎ去るのを待つ」という対応は，学級崩壊を当該教師の力量の問題として捉えているからこその対応とも言えます。先述の学級経営研究会の学級崩壊の要因に対する結論は，こうした認識や対応の根拠の一つになることは容易に想像できます。個人の問題だと考えているからこそ，組織で学ぶ必要はないわけです。そして，組織で学ばないから共通認識が蓄積されないという流れです。つまり，有効な対策が講じられにくいということです。

　学級崩壊に対して組織的学習をしない学校の体質は，しばしば教師の不適切なマネジメントを生み，学級崩壊を再生産し続けるのだと考えられます。

③ 研究が進まない学級崩壊

　学級崩壊の対策が進まない「足踏み状態」は，学級崩壊の研究動向からも窺えます。

　土井（2020）は，文献検索サービスを使用し，学級崩壊を取り扱った文献のタイトルを学会誌，商業誌，紀要から抽出し，学級崩壊に関する研究の動向を探りました[18]。土井（2020）によると，学級崩壊の研究を4つの時期に分けた上で，Ⅰ期（1997～2000年）は，学級崩壊が認知され「子ども」に関心が向けられ，Ⅱ期（2001～2005年）・Ⅲ期（2006～2010年）は，学級崩壊が「研究」されるようになり，Ⅲ期・Ⅳ期（2011～2015年）には，学級崩壊に関する研究が実践に向けられ，学校の教育という機能だけでなく，経営の機能が強調されるようになったと言います[19]。学級崩壊への関心の流れは，学級崩壊の認知，それと共に学級崩壊を起こしている子どもたちに関心が向けられ，学級崩壊とは何ものであるかの分析が進められ，やがて学級崩壊の立て直しや支援など克服の方法に研究が向けられるようになったのだろうと思われます。

　また，土井（2020）は，学級経営研究会（1999）の指摘した「今後の方針」のうち「教育委員会や関係機関との連携」に注目し，学級経営研究会（1999）が「特別な教育的配慮や支援を必要とする子どもがいる事例」「必要な養育を家庭で受けていない子どもがいる事例」「学校と家庭などの対話が不十分で信頼関係が築けずに対応が遅れた事例」「家庭のしつけや学校の対応に問題があった事例」を挙げて，医療機関，公的機関（行政機関），民間団体との連携を期待したにもかかわらず，今後の取り組みの課題に対して研究が促進されていないことを指摘しました[20]。

　つまり，学級崩壊に関する文献の分析からは，学級崩壊の研究は，学校と子どもを対象とした学校側の取り組み方に関心が集まって進められ，一方で関係機関との連携に関する研究が停滞している実態が浮き彫りになっている

のです。確かに，紹介した事例群からはスクールカウンセラーやスクールソーシャルワーカーや教育委員会などの関係機関の姿が見えてきません。

　1999年，先ほどの土井（2020）の分類の第Ⅰ期の学級崩壊が認知されていく頃に朝日新聞社会部がまとめた『なぜ学級は崩壊するのか　子ども・教師・親200人の体験と提言』の中で「学級崩壊の舞台になっている学校が，意志を伝えにくい，関係を結びにくい場になっている」と述べられています[21]。紹介した事例群には，関係各機関との連携どころか，校内の連携すら見られない事例もありました。また，管理職や他の職員が介入しても，そのクラスや学級担任を孤立させるばかりで，改善が見られませんでした。学級崩壊の対策は，学級崩壊が起こり，全国に広がって行った頃とあまり変わっていないのかもしれません。

　学級崩壊が起きているクラスが，関係各機関だけでなく学校内ですら「閉ざされた状況」に置かれ，改善のための有効な手立てが打たれていないことがわかります。学級崩壊に関する文献の分析からは，学校における子どもを対象とした取り組みは研究がなされているとのことですが，それにもかかわらず効果的な対策が取られないのはなぜなのでしょうか。

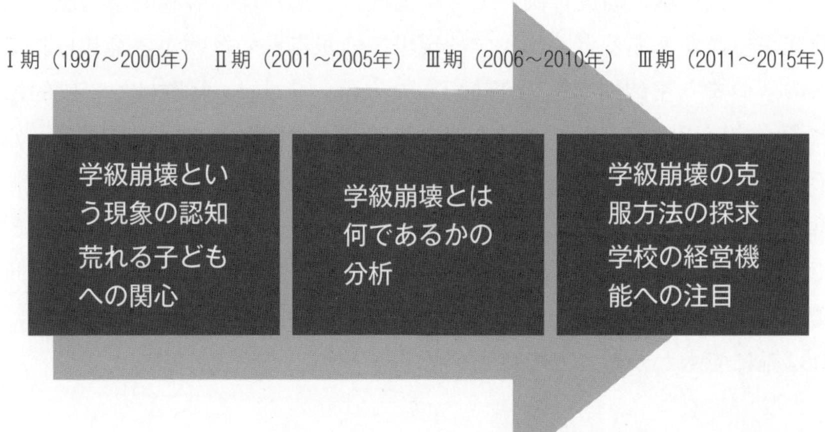

Ⅰ期（1997～2000年）　Ⅱ期（2001～2005年）　Ⅲ期（2006～2010年）　Ⅲ期（2011～2015年）

学級崩壊という現象の認知　荒れる子どもへの関心

学級崩壊とは何であるかの分析

学級崩壊の克服方法の探求　学校の経営機能への注目

土井（2020）をもとに筆者作成

図1-3　学級崩壊研究の時期

道城（2020）は，論文検索サービスを使用して，2000年から2019年における「学級崩壊」をキーワードとする論文を分析し，学級崩壊や学級の荒れに関わる研究の問題点として，全国規模の調査がないこと，また，その多くの研究において介入の効果を客観的な指標を用いて検討していないことを指摘しました[22]。

　読者の皆さんがご存知のように文部科学省は，毎年，児童生徒の暴力行為，いじめ，不登校等に関しては調査をして，その結果を公表しています。しかし，学級崩壊に関する調査は見当たりません。道城は全国調査がないことの背景として，学級崩壊による長期的な影響などが示されておらず，学級担任や年度が変われば状態がよくなるといった一時的な現象として捉えている可能性や，教師の授業力の低さなどの教師側の問題，あるいは発達障害などの子ども側の問題など一方に原因があると考えている可能性があると指摘しています[23]。

　学級崩壊は，本書で指摘してきたように教師の力量の問題，また特定の子どもの問題といった，個人的な問題，そしてそれに伴い，一過性の問題として捉えられていることが，調査が進まない理由として挙げられています。

　また，学級崩壊の研究に関しても，道城（前掲）は，客観的な指標を用いた研究が極僅かであると共に，学校現場での報告者の経験から論じられているもの，つまり主観的なものが主だったと言います[24]。経験は，一般的に状況と深く結びついていたり，個人的な要因が強く影響していたりするものなので，その事実が他者や他の状況に応用できる可能性が低いことから，評価が低くなりがちです。ある教師が「こうしたらうまくいった」と言ったところで，子どもたちの実態も異なるし，何よりも，教師が違っていたら，同じ言葉を言っても同じ行為をしてもうまくいくとは限らないことは，冷静に考えれば誰にでもわかることではないでしょうか。

問題の解決に向けて

① 課題非従事行動の研究から得られる示唆

　学級崩壊の問題の研究の問題点は，学校関係者，とりわけ教師の関心のありようからも指摘できるかもしれません。

　山田（2014）は，私語，不規則発言，内職，よそ見，離席，教師への反抗的言動，同級生への危害といった課題非従事行動に関する国内外の研究を概観し，これからの研究のあり方を検討しました[25]。山田（前掲）は，この研究の中で，「日本国内では当初，課題非従事行動を予防・制止するために教師たちがとった具体的な行動の多くが非教育的（サバイバルストラテジー）ないし反教育的（管理教育）な自己保身と評価される一方，授業技術の向上と学級経営という，特筆すべき問題が生じていない学級でも目指されるべき「万能薬」による事態の解決が推奨され，反抗的な児童・生徒への個別的な対処法として説得が例外的に推奨された。反教育的との批判はその後退潮したが，授業技術の向上と学級経営による課題非従事行動の予防・低減を目指す言説が依然として主流である。ただし，その効果の検証はもっぱら経験則によっている。これに対して海外では，課題非従事行動の低減を目的とする様々な教育プログラムが開発され，その効果が実証的に検証されている」と指摘しています[26]。

教師は授業で勝負

よい授業をすれば
よい学級が育つ

よい学級をつくれば
授業は何とでも
なる

と，言いますが

それは，授業や学級という土俵に上がってくれる子に通用する話

　かつて1980年代に校内暴力等で学校が荒れたときに，教師たちは，課題非従事行動が見られた際に，自己防衛として「大目に見る」ような正面衝突を回避する指導態度の他，成績を下げることを示唆したり，怒鳴ったり，ときには体罰も辞さない管理的な指導態度を取ることがあり，それらは批判の的となりました。一方で，そうした動きとは別の解決策を取る動きも見られました。それが，授業技術の向上と学級経営の充実です。しかし，これらは特別に問題が起こっていない状況でも目指されるべきであって，それが課題非従事行動の指導についても，推奨されているのが現状だというのです。

　これについては，学級崩壊の対策においても同様の傾向が見られます。私が若手教師だった1990年代は，周囲から2つの声が聞こえました。初任研等でよく先輩方から言われたのが，「よい授業をすればよい学級が育つ」，そして同年代の教師からは「よい学級をつくれば授業は何とかなる」というフレーズです。これは，正に授業技術の向上または学級経営の充実で，課題非従事行動を含む，子どもたちの問題行動や逸脱行動を抑制しようとしていた意識の表れではないでしょうか。

若手教師だった私はあるときまで，このフレーズを信じて疑うことはありませんでした。特に，前者の「よい授業をすればよい学級が育つ」は，かなり強固に信じていました。そういう事実を何度となく経験したからです。また，クラスで問題が起これば，「授業が面白くないからだ」「授業に工夫を」というお叱りを受けたり助言をされたりしました。

　いつしか，学級を荒らさせないためには「楽しい授業をすること」という流れが定着していきました。しかし，1995年に最初の学級崩壊したクラスを担任したときに，その信念は崩れ去ります。授業をさせてもらえなかったからです。「よい授業をすれば」と言いますが，教室に入っていない子どもたちを相手にすると，授業のスタートラインに立つことすらできません。

　しかし一方で，学級崩壊という衝撃的な現象は，特に個々の小学校教師において，「学級づくり」への過剰なまでの関心を向けさたように思います。「学級づくり」をちゃんとやっていれば全て大丈夫といったことを公言する教師もいなかったわけではありません。学級崩壊が認知されればされるほど，授業技術の向上と学級経営の充実が，学級崩壊の克服という文脈でも「万能薬」化していったわけです。

　山田（前掲）は，「課題非従事行動に関する言説が，課題非従事行動の予防・低減や，それに資する可能性のある要因の特定に集中し，実際に生起した課題非従事行動への対処法についての研究が著に就いたばかりである」と指摘します[27]。それは，学級崩壊においてもそのまま当てはまり，学級崩壊の言説が，学級崩壊の予防やその要因の特定に関心が寄せられ，実際に生起した学級崩壊への対処法の研究が蓄積されていない，と言うことができるでしょう。

　学級崩壊は，虫歯のようなものです。専門医による治療が必要です。しかし，これまで学校教育，とりわけ学級崩壊という現象の周辺では，「歯を磨けば，また，磨き方を上手にやれば虫歯は治る」というような方針で対応してきたと言えます。

② 本書の役割

　かつて学級崩壊の克服に携わり，学級経営等に著作を持つ教師たちは次のように言っています。佐々木（2020）は，「自分自身の経験やこれまでの職場の同僚の姿から言えることは，「崩壊したら，9割は回復しない」」[28]，また，岡崎（2020）も「実際に学級崩壊が起こってしまったら正直，為す術はないと思った方がいい」[29]，さらに中村（2020）は，「「地下」に潜るしかない」と表現し，「レベルを落として，子どもたちに要求しない。ぶつからずに，戦わずにすむようにする」と言います[30]。実力者たちは同様に「崩壊してしまったらできることはほぼない」と言い切っています。

　こうした長い実践経験と著作をもつような実力者たちが，揃ってこう発言する背景には，学級崩壊への対応がいかに難しいかを示すと共に，その回復や克服の効果的な方法がほとんど見出されていない現状があるのだと思われます。

　さらに山田（前掲）は指摘します。「課題非従事行動を円滑に収集するために実際に採用され，有効に機能している対処法を明らかにし，かつそれが有効である原理を追究することは，研究として開拓途上のテーマであるとともに，教育実践上も意義は大きい。それにより，多様な対処法の適切な使い分けや，新たな対処法の創出の可能性が広がるからである」[31]。

　この山田の指摘に，学級崩壊克服法の研究の方向性を見ることができるのではないでしょうか。

　本書の役割を述べる前に，学級崩壊の対策を考える上で，学級崩壊，学級の荒れ，課題非従事行動などの研究からここまでに指摘した課題を整理しておきます。

①学級崩壊に関する実態調査がない。

②対策が，経験重視で客観的指標を用いていない。

③外部機関との連携が難しく，外部との連携による対策，研究が進んでいない。

④実際に生起した学級崩壊への対処法の研究が蓄積されていない。

⑤有効に機能している対処法の根拠が明らかになっていない。

　全国的な実態調査は，学級崩壊に対する認識が変化していかないことには難しいでしょう。学級崩壊が，学級担任個人や特定の子どもの問題ではなく，構造的な問題であることの理解が広まる必要があります。そのためにも，学級崩壊を「風化」させないことです。「中学校では学級崩壊が起きていない」また「小学校の教師における負担軽減と授業の充実ができる」といった視点で，小学校高学年における教科担任制が実施されようとしています。

　しかし，中学校は，かなりしっかりした生徒指導体制をもつ学校が多いです。一方，反社会的行動のような目立つ荒れはありませんが，SNSにおけるトラブルや不登校といった非社会的行動に歯止めがかからないといった問題もあります。教科担任制の光の当たる部分だけを見て，全体像を理解せずに，形だけ模倣すれば，恐らく，小学校は中学校で起こっている問題もそのまま受け継ぐことになるでしょう。

　小学校高学年における教科担任制は，うまく機能するのでしょうか。次に示すのは，全国に先駆けて教科担任制を取り入れている小学校の教師からの報告です。

　「緩やかな教科担任制だから，前年度のパワープレイ（圧の強い教師）の影響は見られない。それよりも，中学校でよく聞くように，授業者によって荒れたり荒れなかったりしている。従来の学級担任制のように，時間をとって必要なことを，しつける，教えるという時間はなかなか取れない。言わなくてはならないことは言っているが，しかし，それは学級経営と言うよりも，

「なだめる」「しのぐ」というレベルで，育てる感覚ではない。保護者も，学校（先生）はあまり子どもたちに関わってくれないと感じていて，学校に期待していないようだ。また，子どもたち同士の人間関係が育っておらず，共有すべきルールが指導されていない。したがって，以前に比べ，集団としての育ちが見られなくなっている」

　単一の事例なので，一事が万事のようにして述べるつもりはありません。しかし，私はかつて必要に迫られて，小学校において一部教科担任制を実施していました。率直な感想ですが，生徒指導面を強化しないと，荒れが拡大するし，担任間の連携が取られていないと，集団の育成は難しいことは実感として理解できます。この報告からわかるように，教科担任制イコール，学級崩壊の克服法ではないとも言えるでしょう。むしろ，授業を成立させられない教師がいた場合，その方が，あちこちで授業をする訳ですから，荒れを拡散させてしまう可能性があります。表面的に学級崩壊が見えなくなったとしても，それは隠れただけで，問題は厳然としてそこにあり，学級の荒れや課題非従事行動がなくなるわけではないのです。

実態調査の欠如　客観的指標の欠如　外部連携の遅れ

むむ、壁は厚く、そして、高いのね……

対処法の蓄積不足　根拠ある対処法の不在

客観的指標を用いた調査，研究が為されることは望ましく，そこから得られた結果は，普遍性の高い知見となることが期待されます。しかし，それをするには研究に関する専門的な知識や技術が必要です。また，それを活用するとなるとそれはそれで，それを理解するための専門性が求められます。誰もが一般書感覚で学術論文を読めるわけではありませんし，誰もが，学術論文から実践を再現できるとは限らないからです。ただ兎に角，研究の数が足りないので知見を蓄積する必要はあります。

　一方で，経験をある程度の汎用性の高い情報にする方法があります。それが，⑤（p.51）の克服です。前述したように個人の経験は，普遍性が低く，誰にでも使え，誰にでも効果を発揮するというものではありません。他者の成功談が，あなたの成功につながる可能性は高いとは言えないのです。しかし，その成功の方法を支える根拠となる考え方や理論は，あなたの現場に応用できるかもしれません。

　ただ，考え方や理論だけ述べられても，抽象度が高く，具体的イメージができずに，活用ができないこともあります。具体的な事例を下に，その対応とそれを支える根拠を明らかにすることで，他者の経験もあなたにとって有用な情報になる可能性が高まります。

　従って本書では，

①学級崩壊，克服の事例に基づき，対処法を述べます。

　学級経営を，荒れから回復を意味する「治療」と，荒れないようにする取り組みを意味する「予防」に分けるとし，研究知見の少ない治療的学級経営について向き合います。しかし，学級経営には，医療のようにここまでが治療，ここからが予防という明確な区切りがありません。治療をしながらそれが，予防や育成に関わっている場合もあります。ですから，

②治療を主に扱いつつ，必然の流れで予防や育成の内容に触れます。

そしてそれが，単なる事例報告や実践の羅列にならないように，

③選択した方法論の根拠を示すことで，ある程度の一般性をねらいます。

①〜③のアプローチで，あなたの直面している問題に貢献すると共に，学級崩壊に関する研究の蓄積に寄与できればと思っています。

引用文献

1 学校経営研究会「学級経営をめぐる問題の現状とその対応—関係者間の信頼と連携による魅力ある学級づくり」文部科学省委託研究（平成10年・11年度），2000
2 尾木直樹『「学級崩壊」をどうみるか』NHK ブックス，1999
3 前掲2
4 松原達哉「学級崩壊の定義と実態を知る」松原達哉編『教職研修11月増刊　スクールカウンセリングの実践技術№4「学級崩壊」指導の手引き』教育開発研究所，2001，pp.4-13
5 朝日新聞社社会部編『なぜ学級は崩壊するのか　子ども・教師・親200人の体験と提言』教育史料出版会，1999
6 前掲5
7 赤坂真二『学級経営大全』明治図書，2020
8 河村茂雄『学級崩壊に学ぶ　崩壊のメカニズムを絶つ教師の知識と技術』誠信書房，1999
9 河村茂雄『育てるカウンセリングシリーズ1　学級崩壊予防・回復マニュアル　全体計画から1時間の進め方まで』図書文化，2000
10 前掲9
11 前掲4
12 前掲5
13 赤坂真二「学級づくりの"今"と"これから"」末松裕基・林寛平編著『未来をつかむ学級経営　学級のリアル・ロマン・キボウ』学文社，2016，pp.1-16
14 学級経営研究会「学級経営の充実に関する調査研究」（最終報告）文部科学省，1999
15 須藤康介「学級崩壊の社会学：ミクロ要因とマクロ要因の実証的検討」明星大学教育学部研究紀要第5号，2015，pp.47-59
16 前掲15
17 前掲15

18 土井幸治「論文　学級崩壊に関する研究動向─文献タイトルに対するテキストマイニングを用いた分析─」西九州大学健康福祉学部紀要第49巻，2020，pp.25-31

19 前掲18

20 前掲18

21 前掲5

22 道城裕貴「「学級崩壊」および「学級の荒れ」に関する国内研究の展望」神戸学院大学心理学研究第2巻2号，2020，pp.95-102

23 前掲22

24 前掲22

25 山田雅彦「課題非従事行動への対処法に関する研究の動向と展望」東京学芸大学紀要第66巻1号，pp.103-113

26 前掲25

27 前掲25

28 佐々木　潤「信頼関係の崩壊が学級崩壊」ネットワーク編集委員会『授業づくりネットワーク』第36号（通巻344号），学事出版，2020，pp.64-67

29 岡崎　勝「学級崩壊の多面的理解─教師の「一生懸命」と「熱意」を問い直す─」，ネットワーク編集委員会『授業づくりネットワーク』第36号（通巻344号），学事出版，2020，pp.58-63

30 中村健一「「地下」に潜るしかない」，ネットワーク編集委員会『授業づくりネットワーク』第36号（通巻344号），学事出版，2020，pp.92-95

31 前掲25

学級崩壊と
アドラー心理学

学級崩壊の断片

　ここからは，ある学級崩壊の事例を紹介するために，そのクラスで起こった出来事の断片を列挙していきたいと思います。学級崩壊のクラスを担任させていただいた経験者の立場から述べると，崩壊の現象は，そこに「崩壊学級」という名前の付いた集団があるのではなく，大小の問題があちこちで頻発して起こっているのが実情です。

　荒れは，集団行動として表れることもあれば，個人の行動として表れることもあります。しかし，どこからが集団の行動で，どこまでが個人の行動なのか線引きが難しいのも事実です。授業不成立とか立ち歩きが頻発とかいう場面は，その断片の一つに過ぎません。以下に示すエピソード群は，ある小学校の４年Ｂ組で起こったことを時系列に沿って並べたものです。こうした形の記述の方が，崩壊したクラスで起こっている出来事とそれを目の前にした担任の感情を理解していただけるのではないかと思います。

① 何でもブーイング

　４年Ｂ組は，出会いの日から印象的でした。学級崩壊の事例を集めると，多くの割合で，教師の言ったことを否定する子どもたちの姿を見聞きします。指導が否定されること，拒否されることで，担任の自信が根こそぎ奪われることがあります。一人そういう子がいても教師にとってはダメージとなりますが，それが複数，不特定多数となると尚更でしょう。

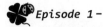 Episode 1 -

　担任発表の日，校長先生の発表と発表と共に，各クラスから「わあ」「きゃあ」などと言った声が上がっていました。しかし，「4年B組，赤坂真二先生」と発表があっても，4年B組からは，つぶやき一つありませんでした。その瞬間だけ会場の体育館が静まりかえったように感じました。子どもたちの前に立つと，彼らのほとんどは無表情で，ツヨシ君だけが，妙にニコニコしていたのが印象的でした。

　教室に入って，その異様な感じはさらに強くなりました。私が自己紹介している間，彼らは本当に「嫌そう」に「面倒くさそう」に聞いていました。彼らと言っても，もちろん全員ではなく，数人がそうした表情をしていたということです。ただ，これまで私が学級担任として初日のクラスに感じた，「そわそわした感じ」や「ちょっとした緊張感」は全くと言っていいほどありませんでした。

　その学校では，初日の学級活動の後，清掃をします。4年B組の清掃場所は4ヵ所でした。しかし，初日は清掃班が決まっていません。そこで，臨時の清掃班を子どもたちに伝えました。「後で，清掃班をきちんと決めますから，今日は，臨時の清掃班でお願いしますね」と言うと，クラスのあちこちから「え～！」というブーイングを意味する声が上がりました。

　「ああ，ビックリしたんだね，今日だけだよ。4年B組の清掃場所は，教室と理科室と渡り廊下と……」話が終わらないうちに，「行きたくねーし」「なんで，そんなことしなくちゃなんねえんだ～」という子が数名いました。初日から，叱るのもよくないだろうと思い，「まあまあ，今日はよろしくお願いしますね。じゃあ，掃除してきてね」と言うと，「え～！　やだし」「めんどくせーし」の声。それでもブツブツ言いながら，立ち上がる子もいて移動を始めました。教室を出ようとする際，ある女子が「あのさ～」と私に声をかけました。「なあに？」と答えると「その顔，うぜーし！」と言って遠ざかっていきました。

Booooooooooo

Booooooooooo

Booooooooooo

Booooooooooo

いや、あのう……
お掃除して、って
言っただけですけど……

🌱2 感情のコントロールが苦手なツヨシ君

　次に示すのは，拙著『アドラー心理学で変わる学級経営』で紹介したツヨシ君のエピソードです[1]。こちらの書籍では，主にアドラー心理学に基づき，ツヨシ君の行動の捉え方，そして，ツヨシ君への支援のあり方を紹介しました。実は4年B組は，ツヨシ君の在籍していたクラスです。彼のクラスは，3年生のときに学級崩壊の状態となっていました。書籍をお読みになっていない方のために，ツヨシ君の話を再掲します。

 *Episode 2* -

　小学校4年生のあるクラスの朝の会のことです。

　朝学習で，読書をしていたツヨシ君。本が大好きな彼は，朝の会が始まる時間になっても読書を続けていました。担任は職員打ち合わせで，まだ教室には来ていません。しかし，朝の会を始める時間になったので，日直が黒板の前に出てきました。日直が，まだ，本をしまっていない子どもたちに「本をしまってください」と声を掛けました。しかし，彼は，それが聞こえているのか聞こえないのか，構わず本を読み続けていました。すると，周囲の数名が「読書，やめて」「ツヨシ君，やめよう」と注意をしましたが，彼は反応しませんでした。

　業を煮やした一人の子（後ほど登場するジョージ君）が，席を立ち，歩み寄り，本を取り上げようと手をかけたそのときです。彼は，「何するんだ！」と猛然と怒り，暴れ出しました。本を取り上げようとした子が，ツヨシ君の側から逃げると追いかけました。追いかけている途中に，目に付いた縦横30cm，高さ50cmほどのゴミ箱を何度も何度も踏みつけました。

　担任は，血相を変えた数人の子どもたちに呼ばれて急いで教室に行き，扉を開けました。そこには，涙を流しながら顔を真っ赤にしたツヨシ君がいました。そして，その周りには，ツヨシ君を囲むようにして怯えたような表情で立ち尽くす子どもたち，そして，ツヨシ君の前には粉々になったゴミ箱がありました。

- -

　この記述は，前掲書からそのまま抜き出したものです。ツヨシ君は，そこで紹介したように，意に沿わないことがあると感情的になって暴れることが多々ありました。3年時は，友達に嫌なことを言われたときは勿論，宿題をやってこなかったため，やるように指示されたり，学級の役割でなりたい役になれなかったり，給食の残ったデザートのジャンケンで負けたりしたときなどなど，意に沿わないことがあるとほぼ暴れました。

あらま、どうしましょ…

　第1章で述べたように，前掲の国立教育政策研究所，学級経営研究会の「学級がうまく機能しない状況」の定義において，「勝手な行動をして教師の指導に従わない」子どもたちがフォーカスされているように，学級崩壊というと，ツヨシ君のように「わがまま」にふるまい，注意をしても行動を修正しない子どもたちによって学級崩壊が起こっているように捉えられている現場もありました。控えめな書き方をしていますが，私の実感では，学級が荒れているとの報告は，そのほとんどが共通のフォーマットで伝えられています。

　それは，「～という子がいて，～ということが起こって，大変」という形です。これは，実態を伝えるときにとてもわかりやすいフォーマットです。しかし，わかりやすいことが，事実とは限りません。

　松原（2001）は，「学級崩壊は，学級内の一部の問題を抱えた子どもによって引き起こされると思っているが，必ずしもそうではない。学級が崩壊するきっかけをつくるのは一部の子どもかもしれないが，今の子どもの多くが学級崩壊に加担する可能性を持っている」と学級集団全体の構造の問題であ

ることを指摘しています[2]。

　つまり，4年B組は，ツヨシ君が原因で壊れたのではなく，4年B組全体の構造上の問題によって，集団機能が著しく低下したと考えた方がいいのです。学級崩壊の原因とまで言われたほどのツヨシ君の理解や支援のための知識と技術については，前掲書で詳細に述べました。従って本書では，ツヨシ君の事例は扱いません。指導が難しいとされる子が一人でもいたら，学級担任にとっては気の重い事態ではありますが，学級崩壊するようなクラスは，そうした子が複数いて，毎日のようにトラブルが起こり，担任が疲弊していくという状況ではないでしょうか。それは，学級崩壊しているから疲弊したのではなく，トラブルの連続によって教師が疲弊し，崩壊といった状況に陥っていくのだと思います。

　では，クラスの他の場面の様子を見てみましょう。

③ 攻撃的な言動をするカイ君

　このクラスでは，毎日のようにトラブルが起こっていました。1日1件ではなく，朝，昼，夕方，休憩時間を中心に悪口，喧嘩，それに伴い，沈鬱な空気が流れていました。男子も女子もよく怒鳴っていました。一部の子どもたちの日常会話が怒鳴り声という印象でした。目立つ子どもたちが怒鳴り合っている傍らで，毎日のように誰かが涙を流し，そして，伏し目がちに，静かに黙っている子どもたちがあちこちにいる，また，周囲の状況にはお構いなく（関わりたくないといった様子で），我が道を行くといった表情で過ごしている子どもたちが数人いる，そんな状況が見られました。

Episode 3 -

　元気でお笑い好きのカイくん。しかし，その乱暴な言動で，周囲から恐れられていました。自分が大きな声で騒ぐのにもかかわらず，周りが騒ごうものなら「うるせえ！」「消えろ！」などと言って怒鳴りつけます。クラスの

殺伐とした雰囲気を作り出す中心人物の一人です。彼によって傷付けられた子どもたちは多数おり，「入学当時からそうだった」と，周囲には諦めムードや彼に関わらないでおこうという雰囲気が漂っていました。

　昨年度，彼が自宅に遊びにきた友達と喧嘩をしたときに，カッとして，台所にあった包丁をもちだし，突きつけたことがあったと噂されていました。真偽のほどはわかりませんが，そうした噂が彼の存在をクラスの中で目立たせ，彼に近寄りがたい雰囲気を纏わせていました。

　この日も，女子が泣きながら，「カイくんに悪口を言われた」と訴えてきました。このクラスでは，毎日のように怒鳴り声がし，誰かが泣いていました。子どもたちに尋ねると，それは特別なことではなく，「いつもそうだ」という話でした。

❀④ 学校を休みがちのジョージ君

　このクラスには，完全不登校と呼ばれる，登校をしない子はいませんでしたが，時々，欠席をしたり登校を渋ったりする子はいました。全くの経験即で申し上げますが，学級が荒れると不登校が続出しそうな印象がありますが，実際はそうでもないようです。学校が荒れている状況では，不登校が少なくなっていた，という事例もあります。

🍀 Episode 4 -

　ジョージくんは，6人兄弟の3番目です。勉強はあまり得意ではありませんが，兄弟思いの優しい子という評判でした。お家に帰ると，忙しいお母さんを助けるために，幼い妹の面倒を見たり，おしめを洗濯したりたたんだりしているとのことでした。一方で，不登校傾向があり，3年時の欠席日数は20日程度ですが，遅刻が多くありました。給食前辺りの時間に登校する姿をよく見かけました。

　4年生に進級してからの，4月頃は順調に登校していましたが，ゴールデンウィーク明けくらいから，遅刻や欠席をするようになりました。母親から「友達に学校で悪口を言われたのが原因のようだ」と連絡を受けました。そこで，ジョージくんに事情を聞いてみました。すると，昼休みの友達とサッカーをして遊んでいるときに，ちょっとした失敗をそこにいたメンバー数人に責められたり笑われたりしたとのことでした。

　該当の子どもたちを呼んで事情を確認すると，全員心当たりがあり，素直にジョージ君に謝りました。ジョージくんもその姿を見て安心したのか，いつもの屈託のない笑顔を見せ，「もう，いいよ，大丈夫」と言っていました。

　問題は解決したように思われましたが，それからも彼の遅刻や欠席がなくなることはありませんでした。むしろ，遅刻や欠席の頻度は以前よりも増えました。

ジョージ君は，元来，朗らかな気のいい人なので，友達は少なくない方だと思われました。ただ，人当たりのいい分，悪口も言い易かったかもしれません。

----

⑤ 騒乱の朝学習

　この学校では，朝学習（8:15～8:30）で週2回，読書をすることになっていました。所謂「朝読書」です。エピソード2のツヨシ君の話も，朝学習絡みのトラブルでした。朝学習の時間は，子どもたちだけで過ごす時間なので「何か」が起こりやすい時間であると言えます。

🍀 Episode 5 -

　職員朝会が終わって教室に向かいました。4年B組は，校舎の一番奥に位置しています。その手前に4年A組があります。教室に向かうと，当然A組の様子が見えます。A組は，全員が読書に集中していて本のページをめくる音しかしません。

　その音に混じって隣から，何やら騒がしい音が聞こえます。B組の戸を開けると，「はあ，うっせーし！」「どうしてそういうこと言うの！」「あ～，キモ！」などと怒鳴り合う声が大音量で聞こえました。

　私の姿を見かけると一瞬静かになりましたが，まだ，あちこちで口々に罵り合いをしていました。

　「今，何の時間ですか？」と尋ねると，前の席の子が，「朝読書……」と答えました。「だよね。で，今は何しているわけ？」と聞くと，ある女子が「カイくんたちが，おしゃべりするから……」と言いました。カイ君が，すかさず，

「はあ，しゃべってねーし，うるせーのはお前らだし！」

と吐き捨てるように言いました。それに対して，

「どうして，そういうこと言うの！」

と，注意した側の子が言い返しました。カイ君の感情が爆発しそうだったので，「はい，はい，言い合いはそこまでね」と割って入りました。

　「けっこうこういうことあるの？」と聞くと，前の席の子が「去年は，一回も朝読書したことがなかった」と言いました。「そうなの？」と他の子に尋ねると，何人かが頷きました。

- -

　「一回も朝読書をしなかった」ということはなかったでしょう。しかし，一部の子どもたちの認知は，そう表現したくなるくらいの状況だったことが想像されます。おしゃべりや喧嘩で騒乱状態の朝学習をしばしば繰り返していたことは間違いないようです。

A組の壁を抜けると

そこは，騒乱状態だった……

A組　B組

6 あの子と遊ばせるな

　子どもたちの関係性がよいとは言えない状況のクラスですが，子どもたちがつながれないのは，互いの行動だけがその理由とは限らないようです。ときには，思わぬ教室外部の力から子どもたちの関係が引き裂かれることもあります。

Episode 6

　エリさんとマリさんは，放課後に，この春に転入してきたアイさんのお家で遊ぶことにしました。アイさんは，新しく友達になったエリさんとマリさんをお家に招くことができて嬉しかったようです。一方のエリさんとマリさんも，新しい友達ができてとても喜んでいました。その日は，3人でとても楽しい時間を過ごしたようでした。

　しかしその夜，アイさんの家族が帰ってくると，新築の家屋の高価な扉の一部分が破損していたことが判明しました。アイさんのお母さんは，怒り心頭でエリさんとマリさんのお家に電話をして，苦情を訴えました。エリさんもマリさんも事実を認めていたので，2人の親は謝るしかなかったようです。

　翌日の放課後，エリさんのお母さんから，「こんなことがあった」と担任である私に電話がありました。それは事実の報告というよりもある要望を伝えるためでした。それは，来年のクラス替えで「アイさんと同じクラスにしないでほしい」とのことでした。そして，それだけでなく，学校でもアイさんと関わらないようにしてほしいとのことでした。マリさんのお母さんも同様のことを思っているとエリさんのお母さんは言います。マリさんのお宅にもアイさんのお母さんから同様の電話が行き，その後，お2人でそういう話になったのだと思われました。

　電話を受けて，3人から事情を聴くと事実関係はほぼ間違いなく，また，エリさん，マリさんの2人はアイさんのお母さんからの電話を受けて，それ

ぞれのお母さんから，「アイさんとは遊ぶな」と言われたと言います。「で，あなたたちはどうするの？」と尋ねると，「もう遊べない」と言います。3人は，ちらりと互いの表情に目をやると，悲しそうな表情で，床に視線を落としました。

 相手を罵倒する話し合い

「死ね」「ボケ」「カス」などの言葉が日常的に飛び交い，また，乱暴なコミュニケーションが目立つ子どもたちが複数いるクラスなので，授業における話し合いもちょっとしたきっかけで殺伐としたものになることがありました。

Episode 7 -

　この日は，学級活動の話し合い活動をしていました。3年生のときは，クラスの雰囲気をよくするためでしょうか，また，活動性の高い子どもたちのニーズに応えるためでしょうか，ときどき，担任はお楽しみ会を計画していたようです。そうした思い出もあって，4年生でも，クラスがスタートしたお祝いに初めてのお楽しみ会をしたいと声が上がり，学級会を開いて話し合うことになりました。クラスがどんな状態であろうとも，子どもたちが自ら何かをしたいと声を上げることは，いいことだと考えていたので，話し合い活動の議題として，取り上げました。

　しかし，直前に友達と何かあったのか，他の理由なのかわかりませんが，話し合いの最初から，とにかくカイ君は不機嫌でした。子どもたちは，机を廊下に出したり，教室の後ろや端に寄せたりして，椅子で円を作って着席していたので，互いの表情がよく見えていました。カイ君は，行儀の悪い電車の乗客のように脚を投げ出して着席し，上目遣いでみんなを睨み付けるような視線を配りながら，小刻みに小さく舌打ちをしていました。

何かの拍子にそのイライラの矛先がアイさんに向いたらしく，いや，最初からアイさんに対して怒っていたのかもしれません。アイさんが発言するたびに，「は〜？」「うるせー」「無理〜」と言っていました。最初は，私の目を気にしてか，小さめの声でつぶやく程度でしたが，その声はだんだんと大きくなっていきました。見かねて私が注意すると「言ってません」「あれ，オレ，そんなこと言いました？」「言ってねーよ，なあ？」と開き直るような発言をした後で，少しだけ静かになりました。

　しかし，またしばらくすると，アイさんの発言中に，舌打ちしたり「もう〜，無理〜」と発言を遮るようなことを言ったりしました。今度は，アイさんも負けていませんでした。色白の頬を紅潮させて，眉をつり上げキッパリと言いました。「ちょっと，カイさん，そういうこと言わないでくれる！」

　そこでスイッチが入り，カイ君がとうとう怒りを爆発させました。

「うっせんだよ，ババア！　いい加減にしろ，てめえ！」

　周囲の子は，カイ君の大声に瞬きを繰り返すばかりでした。アイさんは目を見開いて，茫然と立ち竦みました。

🌱⑧ 生活リズムが整わない日々

　学級担任を何回か経験したことがある方ならばおわかりかと思いますが，学級生活の落ち着きは，細部に表れます。その代表的な指標の一つとして，清掃や給食があります。

　大前（2010）は「たかが清掃指導と思って甘く見てはいけない。給食の時間に何も指導をしないと，騒乱状態になり，クラスが荒れていく原因になる」と述べると共に，学級経営の12のポイントに，清掃指導と給食指導の2つを入れています[3]。また，野中・横藤（2011）も，学級経営の最初の7日間ですべきことの9つの中に，「掃除指導をする」こと，「給食指導をすること」の2つを入れ，その重要性を指摘しています[4]。

　このように学級崩壊に関する実践や研究が発表され始めた頃に出された学級経営に関する書籍には，その重要事項として，清掃指導と給食指導を挙げる記述が見られます。

　清掃と給食は，時間にしたらそう長くはありませんが，毎日，決まった時刻に実施するものであり，なお，生活の根幹の，衣・食・住のうち2つに関わる営みですから，そこが崩れると，生活が不規則になります。そうした考えから，清掃や給食への向き合い方を大事にする教師は少なくないのではないでしょうか。

🍀 *Episode 8* -

　このクラスの給食は，「大騒ぎ」という表現がよく当てはまります。騒ぎの中で食べているという状態でした。「もうちょっと静かに食べませんかね」と言うと，「給食は楽しく食べるもの」と指導されたと言います。そして，「楽しく食べるために，しゃべっているのです」と言い，「何か問題でもあるのか」と不満気でもありました。

　その傍らでお行儀よく食べている子どもたちもいます。さぞ迷惑そうにし

ているかというと，慣れているのか彼らは涼しい表情で食べています。子どもたちには子どもたちなりの理由があり，また，他の子どもたちからもクレームらしいクレームも出ていないようなのでしばらく様子を見ていました。しかし，4月が終わるくらいになると，残量が段々と増えてきました。食事中に，しゃべるだけしゃべって，騒ぐだけ騒いで，食べる時間がなくなったから食べ物を残し，そして，捨てるという状況が見られてきました。しゃべるだけならまだしも，後ろを向いたり，片膝を立てて食べるなどの行動も目立ったりしています。しかし，子どもたちは，問題だと思っていません。

　彼らは，清掃も上手ではありませんでした。この学校では，各クラスで3〜4つの清掃場所を担当し，昼休みと5時間目の間に清掃します。指導担当者は，教師や場所の管理者なので担任とは限りません。清掃の時間にツヨシ君が暴れること，そして，真面目にやっていた子どもたちから遊んでいた子どもたちへの不満や文句が上げられることがこのクラスのルーティンでした。昼休みに清掃があるので，5時間目は毎日のように不穏な空気の中で始められていました。ある日，ある清掃班で，清掃をしっかりやらなかった班があり，担当の職員に注意をされ，5時間目の授業に遅れそうになるということがありました。子どもたちに事情を聞くと，「ふざけて遊んでしまった」とのことでした。

- -

🌱⑨ 泥だらけになった体育館の壁

　このクラスを担任していて，何度か「え？　まさか」という事態に出くわしました。人が聞いたら笑い話のように聞こえますが，状況がかなり派手だったので学校中の話題となった出来事です。

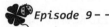

　アシナガバチが巣を作り始めた頃の話です。ツヨシ君とタカト君は，20分休みに体育館の軒下に小さな蜂の巣を見つけました。好奇心旺盛な彼らは，蜂の巣を落とそうとして，何か投げるモノを探しました。グラウンドには小石しかなく，攻撃力が弱いと見たのでしょうか，適当なものがありません。木の枝では，軽くてこれもまた飛距離が出ません。

　しかし，彼らはすぐに思いつきました。幸いなことに，グラウンドは昨日の雨でぬかるんでいました。鉄棒の下にはちょうどいい頃合いの水たまりができていて，泥団子作りには適した泥が豊富にありました。彼らはせっせと泥を捏ねて団子を作り，その蜂の巣に向かって一斉攻撃をしかけました。

　しかし，体育館の上の方に作られた蜂の巣には，小学校4年生の男子の投力では少し届かないようでした。その結果，泥団子は的を捉えることはなく，体育館の壁に泥が付着することとなりました。気づいた職員が，4時間目が

お、惜しい……もうちょい、右ですぜ、兄貴〜

これで、どうだ！

終わると「先生のクラスの子たちらしいよ」と教えてくれました。現場を見に行くと，大きな体育館の壁一面に，これでもかというくらいに泥がへばり付いていました。

　給食中に，「ねえ，誰か体育館の壁の話知っている？」と子どもに尋ねると「それ，ツヨシ君とタカト君だよ」と女子。私が，2人に「そうなの？」と聞くと，彼らは「まずい」という表情で頷きました。

- -

🐝 ダメなら罰する

　4年B組の係活動は，「自由設立制係活動」と呼ばれる仕組みで運営されていました。

　向山（1991）は，ご自身の実践を基に，子どもの活動として以下のような分類を紹介しています[5]。

①学級を維持するため，毎日定期的にくり返される仕事で，一定の人数が必要なもの。

　（例）掃除当番，給食当番

②定期・不定期にかかわらず繰り返される行事で，少人数でよいもの（創意工夫を必要としないもの）

　（例）黒板係り，配布物の係り，落とし物係り，など

③学級生活を豊かにするために必要な組織（＝文化・スポーツ・レクレーション三分野の係り）

　（例）集金係り，スポーツ係り，新聞係り

向山洋一『学級を組織する法則』（1991）より

　一般的に，学級経営において，①に日直を加えたものが，当番活動と呼ばれるもので，②③が係活動と呼ばれるものではないでしょうか。私のクラス

でも，日直，清掃，給食の当番がありました。これは，輪番で全員が担当します。係活動はいろいろなやり方が見られます。

　例えば，生活班で必要な係を分担する，また，必要な係を先に決め，その仕事をやりたいメンバーが集まって係を結成する方法です。各担任の学級経営ビジョンに従って，適した方法を採用すればいいと思いますが，私のクラスでは，「自由設立制係活動」，所謂，会社活動と呼ばれる仕組みで，係を会社と呼び，活動が運営されていました。ルールは以下の通りです。

①みんなの役に立つこと，みんなで楽しめることなら何をしてもよい。
　　ただし，学校のきまりの範囲内で。
②いくつ会社を担当してもよい。
③会社を始めるとき，メンバーを集めるとき，会社をなくすときは，朝の会，帰りの会で連絡する。
④入社するとき，退職するときは，朝の会，帰りの会で連絡する。
⑤会社コーナーにポスターを掲示したら活動開始。

　必要な係を挙げて分担する方法は，必要な係が落ちなく挙げられる点がありますが，話し合いというフィルターがかかるため，自由度が下がり，よく言えば無難なもの，悪く言えば管理目的的なものが活動として採用されることがあります。子ども個人の自由度を高め，一人ひとりが持っている裏文化を合法的に教室持ち込むと，クラスの雰囲気が明るくなり，目立たない子の意外な強みが発揮されるため，私はこの方法を好んで採用していました。

　会社活動が賑わいを見せていたあるとき，ちょっとした論争が起きます。

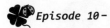**Episode 10** -

　朝の会で，係活動に関して，ある提案がありました。

　「たくさん，会社があるけど，1ヶ月に一度アンケートをとり，人気のない会社や活動していない会社は倒産させた方がいいと思います」

この意見が出されると，クラスに緊張感が走りました。この意見の賛成派が言います。

「活動をしていない会社を残しても意味がない」

「会社が増えるばかりで，どれをがんばっていいかわからない」

　これらの意見が出されると猛烈に，異議を唱える子どもたちもいました。

「そんなことをしたら，自分の係がなくなってしまって困る」

「やりたくてやっているのに，アンケートで潰されてしまったら，その係の人たちがかわいそう」

　賛成，反対どちらの意見も尽きることがなく，収拾がつかなくなってきました。

- -

　これは崩壊現象でもなんでもなく，むしろ，活発に議論する積極的なクラスとして読めるかもしれません。もちろん，多少強引さは見られますが，言いたいことをしっかりと表明するのは彼らの優れたところです。ただ，この事例を取りあげたのは，彼らの問題に対する姿勢なのです。彼らの話し合い

の履歴を見ると，結構な割合で「問題を起こしたら罰を与える」という意見が出てきます。しかも，大きな声の発言回数が多く強い影響力をもつ子が，そうした志向性をもっているわけです。

　これは，朝の会の話し合い活動というフォーマルな時間ですから，トーンが抑えられていますが，これが日常生活場面だと，かなりの強い調子や攻撃的言動で，こうした主張をするわけです。そうされると，自己主張が苦手な子は，何も言えなくなってしまうし，何かすると責められる，罰を与えられるという恐怖感をもってしまいます。このクラスを支配している弱肉強食の構造の象徴的な場面としてここで取りあげました。

⑪ 集団による排斥行為

　4年B組には，感情的になって暴れる子や暴力的な言動が目立つ子や不登校傾向の子など心配な子がいました。彼らのこともとても気になっていましたが，私がもっとも気にし，もっとも問題だと捉えていたのが，一人の女子に対するいじめでした。

🍀 Episode 11 -

　キョーコさんは，ユニークな雰囲気のある子でした。彼女のことは，担任する前から知っていました。私が廊下を歩いているとどこからともなくやってきて，穏やかな声と静かな笑顔で「私は，○○が好きなんです」と丁寧な言葉遣いで自分の好きなキャラクターのことを教えてくれたり，図書館で私に気づくと「先生は，○○を読んだことがありますか。とっても面白い本ですよ。だから先生も読んでくださいね」などとお気に入りの本のことを話してくれたりしました。

　しかし，担任でなくても，彼女がいじめられているのではないかということは何となくわかりました。それは，いつも一人でいること，そして，よく図書館にいること，そして，クラスメート数人と話していても，彼女だけは，

話題に入っていっていない姿を何度も見かけたからです。しかし，明白な侵害行為を見かけたことはありませんでした。

　このことを自覚していたので，学級開きでは，学級経営の方針の一つに「いじめ差別は許しません」と伝えていたので，少なくとも私の目の前で，彼女に対するあからさまな侵害行為や排斥行為はありませんでした。

　しかし，ある授業参観の際，活動のグループづくりをしているときにジョージ君が，ポロリと言いました。「あ〜，おれ，キョーコとだけは組みたくねーや」。一部の保護者と子どもたちは笑っていました。しかし，一部の子どもたちは，固唾を飲むような表情で私を見つめていました。

- -

　ツヨシ君はのべつ幕なしにキレているように見えましたが，そこにはそれなりに理由がありました。また，カイ君の暴力的言動は，全方位的に放たれていましたので，キョーコさんに向けられることもないわけではありませんでした。しかし，彼らの行動を見ていると，特にキョーコさんに向けてということはありません。そもそもキョーコさんが，彼らにとって不快なことをするということはほとんどありませんでした。彼らは，キョーコさんにはほとんど関心がなかったと思います。

　それに対してジョージ君は，クラスのいろいろな人とつながっていました。キョーコさんとも話すことや関わることがありました。グループづくりで，他の子どもたちがやんわりとキョーコさんを避けている空気の中で，キョーコさんは，たまたま近くにいたジョージ君とグループになるために彼に近づいたのだと思います。

　元来，ジョージ君は天真爛漫なところがあり，思ったことを口に出してしまうところがあります。彼をよく知る保護者や子どもたちは，「ジョージ，また，あんなことを言っているし」と笑っていたのだと思います。しかし，ジョージ君の言ったことが，「まずい」ことである，少なくとも，担任が「いつもしてはいけない」と言っていることを彼がしてしまったことに気づいた子どもたちは，私がどうするかに注目したのではないでしょうか。

他の事例は，全て４月〜５月前半に起こったことですが，この事例だけは，２学期も半ばのことです。少なくとも保護者のいるところでこうした活動をするべきではありませんでした。しかし，これまで同様の活動をしてきても，大丈夫だったので，油断していたのだと思います。

問題は全てつながっている

① 4年B組というクラス

　クラスが突然荒れるわけではありません。それまでに何らかの布石があってのことだと思われます。特に，クラス編成替えがなく，4月当初から荒れている場合は，それまでに何らかの事実の積み重ねがあり，そのような状態になっていることでしょう。

　4年B組がこのような状況になったのは，偶然ではないと思われます。そうなって然るべき，成り立ちの経緯があります。

Episode 12

　4年B組（約30名，男女比1：1）は，3年生の半ば頃から，学級担任による授業が成り立たなくなっていました。彼らは，元気のいい子どもたちが大勢いる学年で，入学式の日に整列した際，隣に並んだ子の肩がぶつかったということで，手を出す，足を出すの喧嘩があったとのことでした。

　2年生のある時，2クラスあるうちのA組で，児童の一人が暴れて，クラスメートに大怪我を負わせるということがありました。そうしたことがあり，その子ために支援員の方が配置されました。また，3年進級時のクラス編成替えにおいて，再発予防と怪我を負わせられた子の保護者への配慮から，その子に刺激されてしまう可能性のある子のほとんどをB組にして，比較的大

人しい子どもたちをＡ組に集め，その子を入れました。

　その結果，３年Ｂ組には指導が難しいとされた子どもたちが集まることになりました。感情のコントロールの苦手な子は，ツヨシ君以外にも数名おり，ルール違反や，悪口，暴言は日常茶飯事で，絶えずトラブルが起きていました。

　３年Ｂ組の担任が力量の低い教師だったかというと，そうは言えません。むしろ力のある教師だったと思います。特に生徒指導面では実力者として知られ，荒れたクラスや支援の必要な子どもたちが多く在籍するクラスの担任として指導歴を重ねてきたベテランの女性教師でした。所謂，柔軟性を欠くとか，圧をかけるとか，無気力であるとか，そういった言葉が当てはまらない方でした。子どもからも保護者からも信頼の厚い教師だったと言っていいと思います。

　学級崩壊は，教師の経験年数やそれまでの実績などと関係なく起こるところが，いじめや不登校の問題と決定的に異なっているのではないでしょうか。

いじめや不登校も予測が難しいと言えば難しいですが，いじめられやすい子といじめる傾向のある子が同じクラスになれば，ある程度の予測ができます。また，不登校傾向の子がいれば，当然，不登校は予期されます。しかし，学級崩壊は，ノーマークだったクラスが担任が替わったことによって起こったり，担任が持ち上がっても，学年が上がったりすると荒れたりすることがあります。

　このクラスは，問題が起きないように配慮して学級編成をし，かつ，校内でも実力者の呼び声が高い教師２人が，学年を組んだのにもかかわらず，そういうことになりました。学級崩壊は，教室実践に留まった問題ではなく，社会的背景を背負っているが故に，その分，予測や対応が難しいと言えます。

❷ 不適切な行動は不適切な環境の中で起こっている

　このようなクラスを担任すると戸惑う教師も少なくないことでしょう。それでも何とかしなくてはなりませんから，一つひとつの問題に対応していくことでしょう。それは誤ってはいないと思いますが，知っておいてほしいことがあります。

　諸富（1999）は，数多くの学校をサポートし教師のカウンセリングをしてきた立場から次のような指摘をしています。「学校や学級の中である生徒が問題を起こすとき，実はその生徒個人が病んでいるというより，むしろ学級や学校自体が病んでいるといったほうがいい場合も少なくない」[6]。子どもの不適切な行動は，単独で起こっているのではなく，周囲との関わりの中で起こっているということです。

　吉川（1999）は，システム論の立場から「問題行動が起こるときは，その行為を結果的に強化するような一連の作用が相互に連鎖的に生じている」と言います[7]。吉川の指摘は，諸富の経験則を裏付けていると考えられます。

　例えば，あるクラスで靴隠しなどの侵害行為があったとします。担任が，靴を隠された子に「誰かとトラブルがあったかな？」などと尋ねると，思い当たる節のある子の名前が挙げられます。その子を呼び出し，丁寧に聞いてみると，「隠しました」などと正直に言うことがあります。担任は，二人を仲直りさせ，一件落着となります。しかし，後日，別の子の靴が隠されてしまうようなことが起こります。靴隠しではなくても，持ち物が隠されたり，悪口の落書きが見つかったりすることがあります。

　別の例です。あるクラスに，図工の時間に絵を描くと必ずと言っていい程に，首のない人物を描く男子（小6）がいました。ある図工の時間の時間，彼は，最初は普通に首のある人物を描いていました。しかし，途中で近くの席の男子が，「おい」と声をかけ，ニヤリと笑って言いました，「真面目かっ？」。すると，彼は，少し顔を赤くして，すぐさま消しゴムを取り出し，描いていた人物の首の部分を消し，そこから血しぶきが噴き出しているように描き換えました。すると，また例の男子が，彼の方を見てニヤリと笑いました。

　一つ目の例は，靴を隠すなどの侵害行為が起こるレベルに人間関係が悪くなっている二人がいるということは，既に似たような状態になっている子どもたちもいる可能性があるということです。侵害行為の連鎖が起こっていると考えられます。また，二つ目の例は，首なしの絵を描く行動を強化する相手役が存在していることが明らかです。彼の場合は，一人だったら首なしの絵を描くことはないわけです。しかし，その行動を誘発し，強化する他者がいることで，彼はそのような行動を選択してしまっていると考えられます。

不適切な行動はシステムの中で，つながり合って起こっているのです。そう考えると，既に拙著で述べたように，エピソード1のツヨシ君のキレるという行動がクラスメートによって誘発され，強化されていたように，その他の行動も，クラスのシステムの中で誘発され強化し合っていると考えられます[8]。カイ君が暴力的な言動をすること，ジョージ君が不登校傾向を示すこと，子どもたちがブーイングを繰り返すこと，朝学習が成り立たないこと，そして，キョーコさんがいじめられることなどなど，一見バラバラに見える，断片的な出来事ですが，全てはつながり合って何らかの影響をし合っていると考えた方がいいのです。

　ただ，全てが歯車の組み合せによって起こっているということでもありません。そこは，周囲の環境によって誘発される要因（環境要因）と本人のもっている個性や特性から起こっている要因（本人要因）の掛け合わせですから，いくら環境要因に問題があっても，問題行動や逸脱行動をしない，つまりそういう選択をしない子もいます。ただ，環境要因は，それらの行動を抑制したり誘発したりする可能性をもっています。

　クラス改善には，環境要因と本人要因への両方へのアプローチが必要となります。しかし，環境要因の調整抜きに本人要因だけを問題にして，そこばかりにアプローチすることは，子ども本人に加重な負担を強いることになりますし，効果があまり期待できません。しばしば，いじめ指導でそうした場面を見かけます。子ども集団を組織することなしに，いじめや差別と闘いなさい，立ち向かいなさいと言っても，それは無理があることでしょう。

学級崩壊と向き合う学級担任

① 学級の状態と教師のあり方

　第1章で触れた学級崩壊の基本型の話を思い出してみてください。それら
の型は，教師の指導行動のあり方と関わっていることが窺えました。学級崩
壊したクラスを担任したら，どのような指導のあり方が適しているのでしょ
うか。ここでは，学級崩壊に向き合う学級担任の指導のあり方を考えたいと
思います。まず，学級の状態と教師の指導のあり方の関わりを考えてみまし
ょう。

　教師の指導態度に関する理論で代表的なものに，三隅（1965）のPM理
論や木原（1982）のAD理論があります[9,10]。三隅は，集団の機能の2つの
次元に注目し，集団の目標達成機能を performance のPをとってP機能，
集団の維持，強化機能を maintenance のMをとってM機能としました[11]。ま
た，三隅は，監督・指導者が，P機能もM機能も高いPM型の行動を取る
とき，もっとも集団生産性が高く，作業を面白いと感じ，監督・指導者に好
意的に捉えると指摘し，集団成員のパフォーマンスはリーダーの指導態度や
行動に影響されることを示唆しました[12]。

　さらに，三隅（1984）は，学校における教師の指導態度について，強くバ
ランスのよい指導を特徴とするPM型，課題志向や教師中心指導型である
Pm型，児童配慮に優れ支持的な pM型，放任型と考えられる pm型の4つ

に分類しました[13]。

木原（前掲）は三隅の PM 理論を教師の指導行動に焦点を当てて，さらに具体化を試みました。木原は，教師と指導態度を，受容（Acceptance）と要求（Demand）の2つの側面から捉えました[14]。木原の AD 理論も，4つの類型に分けられます。受容的態度と要求的態度がどちらも強い AD 型は，優しく厳しい教師，受容的態度の強い Ad 型は，支持的な教師，要求的態度の強い aD 型は，厳しい教師，どちらも弱い ad 型は，2つの機能が発揮できていない教師で，もっとも望ましい教師は，AD 型としています[15]。

藤原・大木（2008）は，三隅の類型に基づき，教師の指導スタイルを，PM 型，Pm 型，pM 型，pm 型の4類型に分けて，学級モラール，学級イメージ，児童の教師評価と教師の自己評価との関係について検討しました[16]。それによると，教師の自己評価は児童の教師評価より高いことが示されました[17]。しかし，類型別に見ると，PM 型の学級では，学級モラール，学級イメージがもっとも高く，児童の教師評価は高いものの，教師の自己評価とのズレはほとんど認められなかったと言います（藤原・大木，前掲）[18]。また，Pm 型では，学級モラール，学級イメージがもっとも低い一方，教師の自己評価は高く，児童との認知のズレが有意に認められました[19]。pM 型では，学級モラールは2番目に高いものの，教師の自己評価はもっとも低いことが指摘できました。pm 型には，児童の教師評価と教師の自己評価にもっとも大きなズレが認められました[20]。

モラールとは，集団における意欲や積極的な態度，行動のことで，集団における適応感の指標に用いられることがあります。学級イメージとは，ここでは，自分の所属するクラスを形容詞等で示したものです。藤原・大木の研究からも，やはり，目標達成機能と集団維持機能をバランスよく発揮している教師のクラスの子どもたちは，適応度が高く，学級を肯定的に捉えるようです。うまくいっているクラスは，教師と子どもの間で，教師の指導行動に対する評価の乖離が少なく，そうではないクラスは，教師の自己評価が高かったり低かったりして，認識のギャップがあるのではないかということです。

河村（2010）は，「教師のリーダーシップのとり方は，集団状態に影響する」と言い，三隅のPM理論に基づいた，教師の指導タイプと集団の状態には関わりがあることを指摘しています[21]。河村（前掲）によれば，Pタイプ（M機能の発揮が弱く，P機能が強い）は，一貫して厳しく指導する教師，Mタイプ（P機能が弱く，M機能を強く発揮する）は，穏和で気遣いの細やかな教師，PMタイプ（P機能とM機能をとも強く発揮する）は細やかな気遣いの中に強い指導性を併せ持つ教師，pmタイプ（P機能とM機能の発揮がともに弱い）は，放任型教師と説明しています[22]。因みに，河村の言うPタイプ，Mタイプは，三隅の言うPm型，pM型と捉えてもいいのではないかと思われます。

　Pタイプの教師は，静かに授業を展開していますが，子どもたちが教師の指導に対して受け身の「かたさの見られる集団」をつくり，Mタイプは，楽しく盛り上がっているように見えていて私語が多かったりしてなれ合っているような状態の「ゆるみの見られる集団」をつくり，PMタイプは，弱いまとまりのある集団をつくり，pmタイプは，ばらばらな集団をつくる傾向にあるとしています[23]。

　これらの研究からわかることは，学級の状態は，教師の指導のあり方と深い関連があり，影響を受けているということです。何回か学級担任をしていると，自分のクラスが，細かい部分は異なるとしても，大体同じような状態になるという経験をお持ちの方は少なくないと思いますが，それにはこうしたメカニズムがあると考えられます。

　教師の指導のあり方で，モラールや適応感の高い，機能する集団クラスにもなれば，その逆の機能の低いクラスにもなるということは，機能の低いクラスでも，教師の指導のあり方で，機能を回復することが可能だということです。

　それでは，荒れた学級には，どのような教師の指導のあり方が適しているのでしょうか。ここまで，研究の文脈によって，教師の働きかけのことを，教師の指導行動，指導態度，指導タイプ，それらをまとめて指導のあり方な

どと言ってきましたが，わかりやすく，話を進めやすくするために，ここからは，教師のリーダーシップと表現していきたいと思います。

② 学級崩壊という課題の性質

　ハーバード・ケネディスクールで，20年以上リーダーシップ論の教鞭をとってきた，ハイフェッツ（水上訳，2017）は，「自分や組織が持っている経験，専門性を総動員しているかもしれない。だが，それでもまだ問題を解決できていないとしたら，問題の捉え方を今すぐ改める必要があるかもしれない。なぜなら，その問題はおそらく，「技術的問題」（テクニカル・プロブレム）ではなく「適応課題」（アダプティブ / チャレンジ）だからだ」と指摘します[24]。また，「あふれるほどの時間，エネルギー，技術，経験を投じても，私たちがなお解決できずにいる問題のほとんどが，「技術的問題」ではなく「適応課題」だということ。そして，私がこれまでのキャリアを通じて

見てきた彼らの失敗の最大の原因は，向き合っている問題が「適応課題」であるにもかかわらず，それを「技術的問題」として扱ってしまうことだ」と言います[25]。

　ここで言う「技術的問題」とは既存の方法で解決できる問題のことであり，「適応課題」とは，既存の方法で解決できない複雑で困難な問題のことを言います[26]。

　みなさんは，お腹が空いたらどうしますか？　ご飯を食べますよね。こうした問題は，技術的問題です。答えが明らかです。ワープロソフトで文書を作っていて，罫線の引き方がわかりません。こうした場合も，マニュアルを見るとか，もっと単純なのは，知っている人に教えてもらえば問題は解決します。このように技術的問題とは，問いが生まれた場合，決まっている答えを入力すれば，決まった答えが出るという場合です。

　それに対して，サークルや何かのグループで代表を決めるというときに，誰もやる人がいないといった問題はどうでしょう。ジャンケンで決めるとか，投票で決めるとかそれで合意できていればいいですが，それで決めたとしてもやりたくない人がその役になった場合，後々めんどうなことが起こりそうだと予想される場合は，単純に「じゃあ，それで決めましょう」ともいきません。あなたが学校の教師だとして，校務分掌上の仕事で何かを提案しなくてはならないときに，やりたいことがあっても管理職や他の職員の協力が得られないというときがあります。これは，相手にする人によって解決策は一つに決められないどころか，なかなかそれが思いつかないということもあります。さらには，例えば，未知のウイルスが流行して，子どもたちの活動が制限される状況で，子どもたちが関わり合う活動をどう組織すればいいか，このような問題は，答えが見つからない問いの典型と言えるでしょう。

　私たちは，技術的問題で，頭を痛めたり生活に支障が出るほど悩むことはほとんどないのではないでしょうか。技術的問題は，時間やお金やエネルギーを注げば大抵は解決します。私たちを悩ませるのものは，ほぼ，適応課題だと言えないでしょうか。適応課題は，ときには見えないことがあり，とき

には向き合うことが困難であり，これまでの経験や蓄積した知識が役に立たない，或いは，役に立つようには思えない問題だからです。

　学級崩壊の問題の解決を困難にしているのは，「問題の捉え」を誤っているからです。第1章で紹介した事例の中には，学級崩壊を「圧をかけて」治めようとした事例もありました。それはことごとくうまくいっていませんでした。「荒れたら圧をかけて押さえる」という発想には，圧をかければ治まるという基本的な考え方の存在が窺えます。学級崩壊を技術的問題と捉えている姿勢の現れに他なりません。

指導技術の向上

崩壊の立て直し

授業力や指導技術の向上は
技術的問題であり
学級経営とか生徒指導の問題は
適応課題ってことですかね？

③ 適応課題としての学級崩壊

　ハイフェッツらは，適応課題の４つの特徴を挙げています。その特徴に従って，学級崩壊の問題を考えてみます。

　　①インプットとアウトプットは直接つながらない。
　　②公式の権威では不十分。
　　③グループによって求める結果は異なる。
　　④かつての成功法が時代遅れに見える。

ハイフェッツら（2017）27より

(1)　インプットとアウトプットは直接つながらない

　学級崩壊への対応として「人を代える」「力で押さえる」「分散させる」「待つ」といった例が見られると前に述べました。これらのほとんどは，荒れを治めるためにとられていますが，残念ながら効果的ではありませんでした。学級担任の交代によって荒れが収まることもありますが，それで，機能回復というところまでいくことは稀のようです。著書やセミナーでの講師経験もある実力者との評判の高い教師が，荒れた４年生を年度途中から担任することになりました。彼は，教務主任でクラスをもっていなかったのですが，そうした理由で，２学期半ばから学級担任となりました。しかし，何とか授業が成り立つ程度にするのが精一杯で，クラスを育てるというところまではいかなかったそうです。

　しかし，これはまだマシな例だと思います。実力者である彼だから，授業が成り立つ程度まで回復したと言っていいでしょう。担任が交代してもサポートの職員が入っても，結局回復しないのがほとんどです。パートタイム，つまり収拾がつかなくなったときに力で押さえるタイプの教師が入っても，

それは一時的に治まるだけで，その教師がいるときだけ平静を装うという新しい問題を生む場合があります。また，事例でも明らかにしましたが，管理職がサポートで入っても，荒れを助長したり担任の自信を失わせたりして，ねらった効果を引き出せていないのです。そうした意味で，入力と出力が意図したようにいっていないことがわかります。

(2) 公式の権威では不十分

　これはもう明らかです。なぜならば，学級崩壊は「教師の指導性の解体」現象だからです。教師の指導力は，変化をもたらすことに十分な力をもっていません。それが失われたから，崩壊したのです。

(3) グループによって求める結果は異なる

　学級崩壊のクラスを担任してみるとわかります。クラスが荒れていても，クラスの全員が，「立て直し」を望んでいるわけではありません。クラスを何とかしてほしいと思っているのは，一部です。その割合は，事例によって異なります。確かに言えることは，「全員ではない」ということです。

　特に，暴れたり逸脱行為をしたりしている子どもたちは，クラスの立て直しなど望んでいません。子どもの頃，学級崩壊したクラスに所属していて，盛んに逸脱行為を繰り返していた方が言っていました。「当時は，遊んでいる感覚だったから，楽しかった」とのことです。学級崩壊していても，その状態を肯定している子どもたちと，困っていて何とかして欲しいと思っている子どもたちが，少数派として存在していて，多数派は無関心，つまり，どうでもいいと思っている場合がほとんどではないかと見ています。

　実際に，荒れていた状態で不登校がほとんどいなかったのに，クラスが落ち着いてきた為に不登校が増え始めたなんて話もお聞きします。クラスが荒れているときは，教師の圧や規則などが緩められていて，子どもたちにとっ

ては都合のいいこともあるわけです。

　学級崩壊を立て直そうとするときに，子どもたちがみんなそうした教師の行動を支持してくれると思ったら大間違いかもしれません。子どもたちの思いや考えは多様で，それが問題の解決を一層困難にしているのです。

(4)　かつての成功法が時代遅れに見える

　学校教育は，集団教育の形をとり，一人の教師の言うことを大勢の子どもたちが聞くから成り立っていました。規則違反や私語やなまけ，立ち歩き，反抗的言動など課題非従事行動が見られたら，それを注意叱責で治めることができたからこそ，この集団教育は成り立っていたのです。つまり，学校で起こる問題のほとんどが技術的問題だったわけです。しかし，学級崩壊においては，その構造が崩れたのです。

　1980年代の中学校を舞台にして起こった校内暴力の問題は，本来，適応課題だったのにもかかわらず，徹底的に圧をかけることで治めてしまいました。この誤った成功体験が，また，学級崩壊の問題をより複雑にしていると思います。学級崩壊現象が認知され始めたとき，学校は，子どもたちに圧をかけようとしました。しかし，それはほとんど通用しませんでした。そうした方法論を選択しなかった教師たちは，授業技術の向上や学級経営の充実で，なんとか克服しようとしてきました。それは一部で功を奏した場合もあったことでしょう。だからこそ，学級崩壊の克服事例も報告されたわけです。

　「圧をかけて押さえること」は，解決策として的を外していることは言うまでもない一方で，「よい授業をすること」，「楽しいクラスをつくること」などは，どれも学級崩壊の予防策として効果的かもしれませんが，治療策としては，不十分であることはすでに指摘した通りです。

　こうした学級崩壊とその周辺の事情を，ハイフェッツらの4つの視点で見てみると，学級崩壊の問題が，適応課題であることがわかります。学級崩壊が顕在化した1990年代は，教育界が「恋焦がれるように」教育技術を求めま

した。それは，時代の要請であったわけですが，多くの優れた教育技術が開発された一方で，教師の教育技術依存を促進させてしまった側面は否定できないのではないでしょうか。教師が，なぜそれほどまでに教育技術を求めたのでしょうか。

　もともと，知的欲求の高い人たちが教師になっているわけですから，多くの知識と技術をもっている方が，力量があるという認識があったのだと思います。教師が優れた教育技術を数多くもつことは，なんら否定されることではなく，むしろ望ましいことです。しかし，一方でその傾向を後押したエネルギーに，教師の不安があったことも指摘できます。校内暴力の沈静化以降，いじめ，不登校，学級崩壊，そして，適応に課題をもつ子どもたちの増加，そして，クレーマー化する保護者など，教師にとって前例のない，コントロールが難しい事態を数多く経験せざるを得ない状況になってきました。その結果，多くの教師のメンタリティに「どうすればいい？」という方法論を求める志向が標準装備されていったように思います。今や研修会でご質問を受けると，そのほぼ全てに「どうしたらいいか？」「どのようにすればいい

なるほど
学級崩壊のような適応課題
は「どうすればいいのか」
という発想では解決しない
のですね

か？」と方法論に対する回答を求められるようになりました。

　ある出版社の教育書の売り上げランキングを見ると，上位は「通知表の書き方，所見の文例集」「学習評価の仕方」各教科の「授業のつくり方」「発問の仕方，パターンの具体例」「ほめ方，叱り方」「板書の仕方」「発達障害の子へのアセスメントの仕方」「コロナ禍における授業づくりの仕方」「生徒指導の方法」「オンライン学習の初歩」など，ほぼ全て，ハウツーです。繰り返し言いますが，ハウツーを否定していません。風邪を治せない医者は医者として認められないでしょう。プロがプロでいるためには，技術が必要です。

　全国学力学習状況調査が始まってから，各地で「授業スタンダード」「学習スタンダード」なるマニュアルが作成され，教師の授業の進め方や子どもたちの学習の進め方が事細かに決められるという現象が起こっています。学校教育界のもつ，教育技術依存，やり方希求の傾向は，こうした部分にも垣間見ることができます。

　学級崩壊の問題の解決を難しくしている背景に，適応課題を技術的問題として捉えようとしてしまう，教師の意識があることも無視できない現実ではないでしょうか。

学級担任のリーダーシップ

1 学ばれないリーダーシップ

　自己啓発の祖の一人と言われる，カーネギー（山本訳，1995）は言います。
「世界がもっと単純な場所だったときには，こんなふうなマネージメント
でよかった。ほとんどビジョンもなかった。しかしそれでよかった。それで
仕事は予想通りに流れていたのだから。（中略：筆者）現在必要とされてい
るのは，昔風なビジネス・マネジメントではなく，もっと深みのある何もの
かである。必要とされているのはリーダーシップ」だと[28]。
　カーネギーは，世の中が安定していて先の予測が可能な時代は，責任者は
管理だけしていればよかった，しかし，予測が困難な時代に責任者は，リー
ダーシップを発揮しなくてはならないと言っています。今，世の中は，変化
の真っ只中にあることは誰もが異論のないところでしょう。世の中の変化を
受けて，学校も大きく様変わりを求められてきました。学級崩壊，いや，そ
の他の学校教育にまつわる様々な問題は，世の中，子どもたち，保護者から
の，学校に変わってほしいという要望のように捉えることができないでしょ
うか。
　正にこうした変化の時代に，教師のリーダーシップが求められるわけです
が，教師は誰もが教室の責任者であり，リーダーになるにもかかわらず，し
っかりしたリーダーシップ教育を受けているわけではありません。教師のみ

なさんは，大学の教員養成で，リーダーシップ教育を受けてこられたでしょうか。もし，みなさんが今，リーダーシップを発揮されていても，それは，部活動やサークルなどの集団体験で培ったものか，もともともっていた天性のもので，大学の教員養成で学んだものではないでしょう。

　学級崩壊は，世の中の変化によって生起してきたものです。教師がそのことを自覚して，リーダーシップを発揮しない限り解決は夢のまた夢でしょう。

② リーダーシップとは

　では，リーダーシップとは何なのでしょうか。

　カーネギー（前掲）は，「人びとを援助して彼らの可能なる能力を発揮させること，将来へのビジョンを確立すること，勇気づけ，指導し，模範となること，成功に導く関係を確立し維持すること」と言います[29]。

リーダーシップを発揮するには

まず，あなた自身のリーダーシップの強さを確認すること

カーネギー（山本訳，1995）より

あなたのリーダーシップの強さは，10点満点で何点ですか

教育心理学者の山口（2008）は，数多くのリーダーシップ概念に関する研究知見をレビューした上で，ストジル（1974）の「リーダーシップとは，集団の目標達成に向けてなされる集団の諸活動に影響を与える過程」という定義を支持しています[30]。また，心理学者の本間道子（2011）は，リーダーシップの研究知見を整理した上で，ヒューストンら（2008）の「集団の目標に向けての効果的影響」という定義を支持しています[31]。

　こうしてリーダーシップの定義を概観してみると，リーダーシップとは，特別な能力をもったカリスマが発揮するものといった特殊能力というよりも，**「目標達成に向けて効果的に影響力を発揮すること」と言えます。**その具体的な営みとして，カーネギーが言うような，目標設定やモチベーションの向上，率先垂範，関係構築などが含まれてくると考えた方がいいのではないでしょうか。

　あなたが教師の役割を果たそうと思うならば，リーダーシップを発揮しなくてはなりません。なぜならば，教師の仕事は，子どもたちを支援して彼らの可能性を引き出す仕事だからです。そのために，あなたはあなたの影響力を行使しなくてはならいのです。

　カーネギー（山本訳，前掲）は次のように言います。「成功への第一歩は，あなた自身のリーダーシップの強さを確認することである」[32]。今，あなたのリーダーシップは10点満点で何点くらいでしょうか。ときどき，採点してみるといいかもしれません。

③ 適応型リーダーシップ

　では，適応課題に向き合うには，どのように影響力を発揮していったらいいのでしょうか。ここで今一度，ハイフェッツらの論に返ってみたいと思います。ハイフェッツら（水上訳，2017）は，適応課題を解決するリーダーシップとして，アダプティブ・リーダーシップを提唱しています[33]。アダプティブ・リーダーシップとは，「難題に取り組み，成功するように人々をまと

めあげ，動かしていくこと」です（水上訳，2017)[34]。

　ハイフェッツら（水上訳，2017）は，「リーダーシップで失敗する最大の原因は，「適応課題」を「技術的問題」として対処してしまうことだ」と指摘すると共に，「「技術的問題」と「適応課題」はいつも明確に区別できるわけではない。仕事で新たな課題を引き受けるとき，これは「技術」，これは「適応」と記されてはいない。ほとんどの問題は，両方の要素が絡み合っており，混ざった状態で現れる」とも言っています[35]。

　さきほど，学級崩壊において，適応課題を技術的問題として扱うことによる失敗例を挙げましたが，さらに，学級崩壊の問題を適応課題のみの視点で捉えない方がいいということは心しておきたいです。学級崩壊においても，技術的問題によって解決にアプローチできる部分があるということです。課題の捉え違いを防ぐために，ここで技術的問題と適応課題の違いを見ておきたいと思います。

　表2-1の内容を学級崩壊の問題に当てはめて考えてみましょう。

表2-1　技術的問題と適応課題の比較

課題の種類	問題の特定	解決法	作業の中心
技術的問題	明確	明確	権威を持つ人
技術的問題かつ適応課題	明確	学習が必要	権威を持つ人と問題の当事者
適応課題	学習が必要	学習が必要	問題の当事者

ハイフェッツ，リンスキー，グラショウ（水上訳，2017）より

学級崩壊のような問題にも技術的な問題が存在します。授業開始時刻を守っていない，授業中に勝手にトイレに行く，授業中におしゃべりがあるなどのことは，技術的問題です。授業開始時刻を守らせる，授業中にトイレに行くときの作法を実行させる，授業中におしゃべりをしないようにさせるなどができれば解決します。

　しかし，それを守らせられるかどうかは，教師と子どもの関係性の問題が絡んできます。必ずしも，協力が得られるとは限らないのです。解決方法はわかっているのですが，それが実行できるかどうかはわかりません。これは技術的問題かつ適応課題と言えそうです。

　また，４年B組の場合は，教師との子どもたちの関係性の問題もありますが，何よりも子ども同士の関係性が悪化していましたから，不信感を軽減し，良好な関係性をつくっていく必要があります。これは，明確な解答があるわけではなく，何か手が思いついたとしても，一筋縄で行くわけではありません。子ども同士の人間関係づくり，特に，よくない状態の改善は，適応課題の典型と言えるかもしれません。

　ここで注目したいことは，適応課題の解決作業に当たるのは，問題の当事者であるということです。学級崩壊における適応課題の当事者は，他ならぬ子どもたちです。子どもたちを問題の解決の当事者にすることなくして解決はあり得ないと言えるでしょう。つまり，学級崩壊の問題は，教師が立て直すという姿勢ではなく，教師と子どもたちが，問題意識を共有し，そして，解決のために行動するよう促すことで活路が開かれるというわけです。

④ 新たな関係性の構築

　ハイフェッツら（水上訳，前掲）は，適応課題には４種類の基本パターンがあると言います[36]。それらを，経営学者の宇田川（2019）は「ギャップ型」「対立型」「抑圧型」「回避型」とまとめています[37]。宇田川の整理がわかりやすいので，そちらを使って話を進めたいと思います。

①ギャップ型

　大切にしている「価値観」と実際の「行動」にギャップが生じるケース。

②対立型

　互いのコミットメントが対立するケース。

③抑圧型

　「言いにくいことをいわない」ケース。

④回避型

　痛みや恐れを伴う本質的な問題を回避するために，逃げたり別の行動にすり替えたりするケース。

宇田川 (2019) より

　学級崩壊という問題は，大局的に見ると「ギャップ型」と言えます。教師は，通常に授業を進行し，子ども同士が日常の教育活動に支障が出ない程度の関係ができていることを望んでいますが，子どもたちは，そうした行動をしていません。教師が，子どもたちに通常の教育活動を行いたいというのは，職業倫理に基づく合理的な動機です。では，子どもたちの行動が不合理かと言うとそうではありません。子どもの不適切な行動には，合理的な目的がありました。荒れたクラスの場合は，合理的な理由を背負った不適切な行動が重なり合って起こっている状態と考えられます。教師の働きかけは教師から見れば，合理的でも，子どもから見れば不合理です。その逆も然りです。双方の合理性が食い違っていることによって起こっていると考えられます。

　また，場面によっては「対立型」と見ることもできます。第3章で詳しく述べますが，教師は静かに活動をしてほしいと思っていますが，子どもたちの中には，騒がしい方がいいと思っている子もいます。また，教師は，言い方のきつい子に，もう少し相手を配慮した言い方をしてほしいと願っています。しかし，子どもたちの中には，こういう言い方しか知らないし，自分はずうっとそうやってきたし，そうした方がうまくいくと信じている子がいます。教師と子どものコミットメントは，場面場面で対立しています。

更に，４年Ｂ組では，いじめの問題も起こっていました。キョーコさんへのいじめは，ほぼ全員が認知していたのではないかと思われます。彼女が排斥され始めたのは，入学して間もなくだった，いや，その前からだと指摘する人もいました。しかし，そのことがクラスの中で公に話題になることはなかったようです。こうした言いにくいことを言わないという「抑圧」が起こっていました。また，クラスのみんなに「どう思う？」と問うと，カイ君のような乱暴な言動をする子や，女子の中でも発言力のある子が，いつもクラスの代表者のようなモノの言い方で意見を言っていました。意見を表出する子としない子がいて，表出しない子たちは，実際はそこにいても，存在していないという「抑圧」された状態になってました。

　そして，お楽しみ会の例に見られるように，本当は，クラスのルール違反やいじめなど，向き合わなくてはならないことがあるにもかかわらず，イベント活動を実施するなどすり替えが行われていたような場合もありました。しかし，これは，このクラスだけの問題ではありません。クラスの雰囲気をよくするためにイベント活動をするという実践は，かつてから実践されていました。それに意味がないとは言いませんが，本来向き合うべき問題から目を逸らし，そうした活動をしていたとしたら，それは「回避」と見られても仕方ないように思います。

　学級崩壊の問題は，ときには総論で，また，ときには各論で，適応課題の４つの特徴を全て兼ね備えていると言えるでしょう。

　宇田川（前掲）は，これら４つのタイプに共通する点は，「人と人，組織と組織の「関係性」の中で生じている問題」だと指摘します。そして，適応課題に向き合い解決するには「対話」が有効だと主張すると共に，「対話」とは，「新しい関係を構築すること」だとしています[38]。

　学級崩壊の理由に言及するときよく言われる「授業がつまらないから」とか「支援を要する子どもたちが多いから」といった話は，ときには，当事者間のギャップを広げ，対立を深めたり，ときには，本当に向き合わなくてはならない問題を抑圧したり，そこからの回避を促してしまうのではないでし

ようか。

　宇田川の指摘から示唆されることは，学級崩壊の問題を解決する為には，教師と子ども，子ども同士，場合によっては職員と職員において，新たなる関係性を構築する必要があることです。恐らく，その営みの過程において，教師は自分との新たな関係を構築していくことになるでしょう。

⑤ IQ型からNQ型へ

　適応課題を解決するには，人間関係をつくったりつくり直したりするリーダーシップが必要なようです。

　こうした能力を考える指標として興味深い指摘があります。環境ジャーナリストで翻訳家のダルワース（枝廣訳，2009）は，「つながり効果」という現象に注目し，Yahoo! 問題解決担当最高責任者ティム・サンダースの言葉を紹介して，その意味を説明しています。

　「どれほどあなたに知識があったとしても，あなたにそれを共有する人々

のネットワークがなければあまり意味はない。自分のネットワークに属している人々への共感をしっかりもって，『自分の成功は，ネットワークに属しているほかの人たちの成功の直接の結果である』ということが理解できていなければ，知識があっても役に立たない」[39]。近年の学校教育は，知識偏重の傾向を改め，その活用力などの大切さに注目するようになってきましたが，まだまだ知識の習得が中心に展開されている現場もあります。しかし，もっている知識に意味を付与するのは，自分のもつネットワークだと言っています。

　こうした自己啓発の話には，よく「人生における成功」という言葉が使われます。私たちの国民性は，人生を成功，失敗という2つの価値観で見ることに抵抗を感じる方もいますから，上記のような言葉に違和感を覚える方もおられることでしょう。ただ，成功の意味を辞書で調べると，「目的を達成すること」（広辞苑）という意味が，最初に出てきます。人生における成功という言葉に抵抗のある方は，人生における目的の達成や自己実現というように捉えておいたらいかがでしょうか。人生において人は様々な問題に向き合います。それらを解決して目的を達成したり自己実現したりしていくためには，ネットワークの存在を無視することはできないということでしょう。

　さて，ダルワースの言う「つながり効果」とは，「ネットワークに投資することで得られるポジティブな効果」のことで，次の効果が期待できるとしています[40]。

①個人的な満足を得られる
②キャリアを導いてくれる
③未知の世界をへの扉が開く
④問題解決とフィードバックが得られる
⑤学習と専門知識の取得が容易になる
⑥世界を変えることができる

ダルワース（枝廣訳，2009）より

学級崩壊の解決に向けて，注目されるのは４番の「問題解決とフィードバックが得られる」で，「ネットワークは，強力な問題解決手段である。人は助けが必要になると，ごく自然にネットワークに頼ってなんとかするものだ」と説明されています（ダルワース，枝廣訳，前掲）[41]。

　ダルワースの指摘は，とても納得できるものですが，それはネットワークが正常に機能しているとき，はたまた，正常なネットワークを選択できるときではないでしょうか。学級も一つのネットワークと考えられますが，しかし，学級崩壊下の子どもたちは，困っていても仲間を頼ることをしないだけでなく，困っている仲間を援助しようとすることも少ないです。それは，つながりが薄い，またはマイナスのつながりをしているからだと考えられます。つまり，学級崩壊は，ネットワークが正常に機能していない状態です。ということは，学級内のネットワークを正常に機能させることができれば，学級崩壊は解決に向かうのではないでしょうか。

　ダルワースは，人生の成功，つまり効果的な問題解決には，知識だけでは不十分で，ネットワークをつくる力が大事だとしました。この考え方を，社会心理学者のムゴンが具体的に示しています。キム（久保訳，2004）はIQ（Intelligence Quotient：知能指数）の高さが人の幸せを規定しないとして，NQ（Network Quotient：共存指数）を提唱しました[42]。NQは，周囲の人とどれだけ和やかな人間関係を作れるかの指数であり，人間関係の運用能力を測り，共存の能力であるとも説明されています[43]。

　学級崩壊を解決する教師には，NQの高さ，または，NQを高くすることが求められそうです。こうして考えてみると，学級崩壊に向かうときに暴れる子どもたち，または，活動に興味を示さない子どもたちに圧をかけ，管理することで何とかしようとすることは全くの誤りであることがわかります。学級崩壊を立て直すには，子どもたちと和やかな関係を構築し，また，子ども同士の和やかな関係を育て，そうした和やかな関係性をリソースにして，学級の課題に向き合うように子どもたちを巻きこんでいくことが必要です。

　ちなみに，こうした幸せを測る指標として1990年代後半に注目されたもの

に，EQ（Emotional Intelligence：こころの知能指数）がありました。EQ
を提唱した心理学者ゴールマンによると，

①自分自身の感情をモニターできる能力
②感情を制御する能力
③自分を動機付ける能力
④他人の感情を認識する能力
⑤人間関係を処理する能力　　　　　　　　ゴールマン（土屋訳，1996）より[44]

EQ も，IQ の高さが必ずしも人生の成功や幸せに寄与しないというとこ
ろで，NQ と共通の認識をしています。しかし，キム（久保訳，前掲）は，
「EQ も IQ と同じで，自分がうまくいけばよいというものだ」「人間関係を
自分の成功のための手段として利用しようというのが，EQ がもっている最
大の欠点だ」と手厳しい評価をしています[45]。共存に価値を置く NQ から見
ると，EQ は，他人との関係性におけるサバイバル戦略のように見えてしま
うのかもしれません。

　学級崩壊を立て直すリーダーの資質に，IQ や EQ が不要だとは考えにく
いです。しかし，一方で，それらだけでは不十分であり NQ という視点を
もつことも必要ではないでしょうか。ダルワースは，人生における成功の公
式として，次のようなものを示しています。

IQ+EQ+NQ ＝成功　　　　　　　　　　　ダルワース（枝廣訳，2009）[46]

人生における問題解決を実現するには，3つの能力が全て必要だというこ
とではないでしょうか。ダルワースの主張で興味深いのは，人は IQ につい
ては，あまりコントロールすることはできず，EQ は，ある程度コントロー
ルできる，NQ については，「自分のネットワークを築き，はぐくみ，活用
する自分の能力に関しては，ほぼ100％コントロールすることができる」と

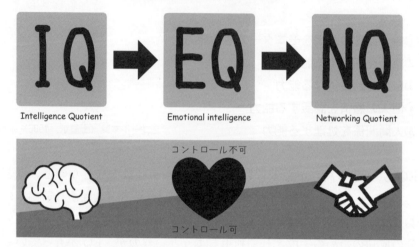

幸せの指標

IQ → EQ → NQ

Intelligence Quotient　　　Emotional intelligence　　　Networking Quotient

コントロール不可

コントロール可

言っていることです[47]。この割合が妥当かどうかは，議論の余地があるでしょうが，IQやEQは，内面的な特性であるのに対して，NQは，自分自身の行動に関わる能力なので，コントロール可能な部分が大きいのは確かだと言えないでしょうか。

　効果的な問題解決においては，問題に対する知識や，それを実行に移すときに，自分のモチベーションや感情を管理したり，他者の気持ちを受け止めたりすることが必要でしょう。そして，何よりも学級崩壊という問題を解決するときには，他者からの協力を得なくてはなりません。その他者は，子どもであることもあれば，保護者であることもあれば，同僚・管理職であることもあるでしょう。家族や友人たちから助けて貰うことも，十分にあり得ます。要するに，「一人では解決できない問題」なのです。

　学級崩壊の問題を含め，教育の問題はネットワークの量や質が問われます。ネットワークの創造なくして，これらの問題は解決できないと考えます。だから，私は効果的な目的達成や問題解決のためには，次のような公式の方がふさわしいと思います。

IQ × EQ × NQ ＝教育における効果的な問題解決

　どんなに知識があろうとも，どんなに感情面が充実しようとも，良質なネットワークを創造する力がなければ，適応課題のような答えのない課題に向き合うことは難しいでしょう。効果的な問題解決のためには，ネットワークをつくることが必要なのです。学級崩壊の事例を思い出してください。事例のクラスや担任は，周囲との関係が断ち切れてしまって絶海の孤島のような状態になっていたのです。特に学級崩壊のような問題は知識，感情，そしてつながりの力を総動員して取り組む必要があろうかと思います。

⑥ リーダーシップを発揮するために

　学級崩壊の問題を解決するには，教師は，自分一人で解決しようとするのではなく，子どもたちを巻きこんでいくようなリーダーシップを発揮することが大事であることがわかりました。では，教師はそうしたリーダーシップをどのように発揮していったらいいのでしょうか。ここでは，リーダーシップを発揮するための具体に迫っていきたいと思います。

　リーダーシップ教育を研究し実践する舘野（2018）は，リーダーシップを「職場やチームの目標を達成するために他のメンバーに及ぼす影響力」とした上で，これまでの一般的なリーダーシップのイメージ，これからのリーダーシップのイメージを図2−1のようにまとめています[48]。

　高橋（2018）は，社会環境がかつてに比べ「複雑かつ変化が多い」「創造性が求められる」「スピードが求められる」ようになっていて，「このような社会状況に対応していくためには，企業においても，他のあらゆる組織においても，１人のリーダーが全てを仕切るのではなく，全てのメンバーが目的を理解したうえで自律的かつ連携しながら動く必要がある」と言います[49]。

　学級経営は勿論ですが，学級崩壊への対応を考えた場合でも，学級崩壊という現象は，その構造が複雑で時々刻々と変化が起こります。だからこそ，

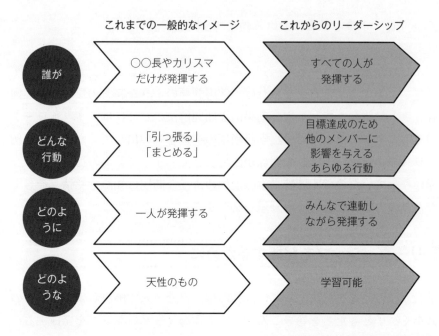

高橋・舘野（2018）をもとに作成

図2-1　リーダーシップのイメージ

　その対応には，スピードが求められます。一つの問題の陰で，無数の問題が進行している可能性があるからです。そして，従来の解決策が通用しないわけですから，その解決には創造性が求められます。学級崩壊という現象は，変化の遅い学校現場に表出した，一足先の世の中の姿の一つと考えられないでしょうか。学級崩壊への対応には，従来の教師のリーダーシップで向き合うことは難しく，新しいリーダーシップのイメージが必要です。

　これからのリーダーシップのあり方から，学級崩壊の解決のために学級担任が何をすればいいかの方向性が見えてきます。

①学級機能の向上のために，子どもたち全員がリーダーシップを発揮できるように促す。

②教師が子ども，また，子ども同士が目標達成のためにポジティブな影響を与える行動ができるように促す。

③教師と子どもがみんなで協力して目標達成のためにポジティブな行動をする。

④①～③の実現は，学習可能なものであると自覚して，リーダーシップを学習する機会をもつ。

　教師のやるべきことのイメージが朧気ながら示されたかもしれません。子どもたち全員が影響し合ってリーダーシップを発揮できるようにすることが大事だということはわかりました。では，教室に具体的にどんな行動が起これば，リーダーシップを発揮したと見ることができるのでしょうか。それがわかることで，具体的な教室の姿が見えるかもしれません。

　舘野は，図2-2のような，リーダーシップ行動の最小3要素を上げています[50]。

　1つ目は「率先垂範」です。問題解決のためには，子どもたちにいろいろな要求をすることになります。それらのことは，全て教師に返る言葉となります。時間を守るように言ったら，教師は時間を守らねばなりません。整理整頓を求めたら，教師自ら教室のそれを実行しなければなりません。まず身をもって範を示すことです。

　しかし，そこで留まっていてはいけません。問題解決のために，自ら行動する子どもたちを育てることが必要です。秩序あるクラスにするためには，時間を守ること，整理整頓をすること，コミュニケーションルールを守ることなどが求められます。そうした問題解決のために，率先して行動する子を見つけ，認めます。そして，それらの行動を模倣する子を見つけて，また，認めます。問題解決のために適切な行動をする子を育てます。そこに，更に続く子が表れることでしょう。教師自ら範となり，他者の範となって行動す

率先垂範
- 自分から動き，他者の模範となること
  例）クラスの中で最初に発言する
- 他者の模範となることで，他者が行動しやすくなる雰囲気づくり

仲間支援
環境整備
- 個人やチーム全体が動きやすくなるよう環境を整えること
  例）メンバーが意見を言いやすい雰囲気をつくる
- メンバーの特徴に合わせた役割分担をする

目標設定・共有
- チームの目標やビジョンを作り，メンバーに理解してもらうこと
  例）クラスのメンバーがワクワクするような目標を立てる
  なぜ，その目標が重要なのかをメンバーに伝える

舘野（2018）をもとに作成

図2-2　リーダーシップの最小3要素

る子どもを育てます。

　次に，「仲間支援・環境整備」です。これは自らモデルになるというよりも，他者を援助することが主眼の行動です。例えば，人が意見を言いやすいように静かにしたり，相槌を打ったり頷いたりして話しやすくするという行動もあります。また，困っている人の相談にのったり，具体的な支援をしたりする他者支援をすることもその行動として挙げられるでしょう。仲間支援が活発に行われるためには，その前提として，誰かに支援，援助を求める行動があります。つまり，助け合うクラスになるためには，「助けて」「教えて」「困っています」などと援助要求がし易い雰囲気が必要です。そうした雰囲気を作ることも，仲間支援・環境整備としての大事な行動と言えるでしょう。

3つ目は,「**目標設定・共有**」です。学級崩壊を克服するというミッショ
ンを,子どもとの協働によって達成するためには,子どもたちと問題を共有
し,そして,目標を設定し,更にその目標を共有してアクションを起こして
いく必要があります。「学級崩壊を克服しよう」という目標は,子どもたち
と共有するには不適切ではないでしょうか。魅力に欠けるからです。大体,
子どもたちは学級が崩壊しているなどと思っていないのではないでしょうか。
子どもたちから見れば,ちょっと面倒なことがときどき起こっている状態か
もしれません。教師が目標を達成するためには,まずは,子どもたちと問題
を共有しなくてはなりません。

　教師だけが目標を見ていると,知らず知らず子どもたちと袂を分かつこと
になるかもしれません。いち早く,子どもたちをそこに巻きこむ必要があり
ます。子どもたちが,そこを目指してみたいという魅力的な目標を設定し,
具体的な活動を組織していくことが大事でしょう。

　とてもオーソドックスで伝統的な取り組みですが,目指すクラスのイメー
ジを出し合う,それに基づき学級目標を決める,それを達成するための活動
に取り組む,取り組みを評価し合うなどのことは,効果的だと思われます。

学級担任のリーダーシップとしての
アドラー心理学

1 教育共同体を育てる

　学級崩壊の問題を解決するには，授業技術の向上や学級経営の充実といっ
た予防的アプローチではなく，問題解決に効果的な視点をもった教師のリー
ダーシップの発揮が求められます。もちろん，状況の改善において，従来考
えられてきた予防的アプローチに基づき手を打っていくことは必要だろうと
思います。しかし，それだけでは不十分であることを述べてきました。

　予防的アプローチが治療的アプローチを強化していくでしょうし，その逆
も起こっていくからです。虫歯の治療を例に取るとわかりやすいかもしれま
せん。虫歯を治療するために歯医者さんに通っているからといって，歯磨き
をしなくていいわけではありません。しかし，歯磨きだけでは，虫歯は治り
ません。歯医者さんに治して貰った歯も，歯磨きをしなければ，いずれ蝕ま
れるかもしれません。

　そして，学級崩壊の克服のためには，子どもたちと問題を共有し，子ども
たちを問題解決に巻き込み，子どもたちを問題解決の当事者にし，子どもた
ちが自ら，問題解決のために助け合い援助し合うような行動を促すリーダー
シップが求められていると述べてきました。つまり，崩壊学級における子ど
もたちのトラブルや問題行動は，歯車のようにつながり合って「荒れ」のシ
ステムをつくっていて，それを改善するためには，一つひとつの「荒れ」を

見ることだけでなく，システム全体を見渡して，改善の手を打たなくてはならないわけです。

　こうしたクラスの，ネガティブなつながりのシステムをポジティブなつながりに変換することで，全体構造の改善に迫りながら，個別の問題も解消していくにはどのようにアプローチしたらいいのでしょうか。

　教育学者でカウンセラーの諸富（1999）は，「さまざまな心理学理論のなかで，学級経営や生徒指導の問題に直接使えて，しかもききめのある理論はほとんどないのが実情」と述べる一方で，学級経営に役立つ心理学としてアドラー心理学を挙げます[51]。それは，アドラー心理学が「個人の問題は，その人が今属している集団の人間関係の中で生まれる。したがって，その問題は，その人が属している人間関係をより健康なものに調整すれば消えていくはず」という発想に立っているからだと言います[52]。

　諸富の指摘する，人間関係の調整による問題の消失は，個人が属するネットワークの質を高めることで問題を解決しようという，本書で述べてきたリーダーシップと合致するものとして注目に値します。

　アドラー心理学研究を進めてきた野田・萩（1989）は，精神医学の世界における相互に治療し合う環境である『治療共同体』という考え方から，クラスを「教育共同体」にすべきだと主張します[53]。野田・萩は，「教育共同体」となったクラスでは，「子どもたちはあなたからだけでなくて，クラスメートからも，多くのことを学び多くの援助を受けとることができるようになります。教師の数が一人から，一挙に数十人に増えるのです」と言います[54]。

　「教育共同体」における教師と子どもたちの行動は，本書で述べてきた，互いが問題解決のためにリーダーシップを発揮し合う姿と重なります。アドラー心理学の発想に立つクラスを「教育共同体」に育てる取り組みには，荒れをつくり出すシステムのあり方に変換を促し，個別の問題行動の軽減や，解消に向かわせることができる可能性があると言えないでしょうか。

2 アドラー心理学とは

　アドラー心理学の理論と方法を学級崩壊の問題の突破口にするにあたり，アドラー心理学に触れておく必要があります。アドラー心理学については，拙著で概論を述べましたのでもう少し詳しく知りたい方は，そちらをご覧ください[55]。

　アドラー心理学は，オーストリアの精神科医，アルフレッド・アドラー（1870-1973）が提唱した理論体系のことです。アドラー自身は，自分の考えを「アドラー心理学」と呼んだわけではありません。「個人心理学（Individual Psychology）」と呼びました。人間は統一された存在であり，分割することは不可能だと考えていたのでそう呼びました（岸見，1999）[56]。日本では，先ほど引用した著作の著者の一人である，精神科医の野田俊作が

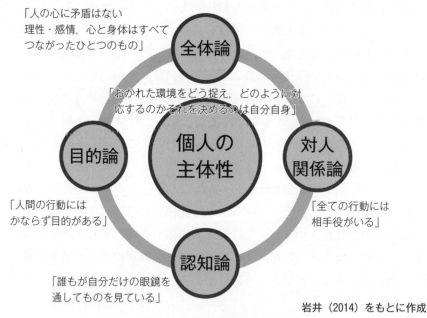

「人の心に矛盾はない
理性・感情，心と身体はすべて
つながったひとつのもの」

全体論

「おかれた環境をどう捉え，どのように対応するのかそれを決めるのは自分自身」

個人の
主体性

目的論

対人
関係論

「人間の行動には
かならず目的がある」

「全ての行動には
相手役がいる」

認知論

「誰もが自分だけの眼鏡を
通してものを見ている」

岩井（2014）をもとに作成

図2-3　アドラー心理学の基本前提

1982年にシカゴのアルフレッド・アドラー研究所に留学しアドラー心理学を学び，帰国後，1984年にアドラー心理学の研究と啓発を目的として日本アドラー心理学会を設立し普及に努めたと言われます（岸見，前掲）[57]。

アドラー心理学には，基本前提と呼ばれる5つの理論があります。集団教育や子ども理解，支援をする教師にとっては有用な示唆を与えるものだと思いますので紹介します。また，後半で紹介する実践群を理解するためにも，知っておいていただきたい事項です。

日本におけるアドラー心理学の研究と普及に努めている岩井（2014）は，基本前提を「自己決定性」「目的論」「全体論」「認知論」「対人関係論」と整理しています[58]。以下，岩井の説明に基づきながら，学級経営への応用を述べます。

(1) 目的論

「目的論」とは，「人間の行動には目的がある」という考え方です。目的論に基づく実践は拙著でかなり詳しく述べましたので，関心があればそちらを手にとっていただければと思います[59]。生徒指導などの場面では，子どもが問題行動をすると，「どうして，あの子はああした行動をするのだろうか」と原因を考えようとしますが，目的論に立った場合「何のためにあの子は，ああした行動をするのだろうか」と発想します。問題行動の原因を考えるとき，過去に向き合わなければなりません。過去は，状況が複雑に絡み合っているので，それを紐解くことができずに八方塞がりになることがありますが，目的は，これから起こることなので，構造は比較的シンプルです。したがって，教師のやるべきことが示されやすいということがあります。

例えば，人をいじめる子がいたとします。なぜ，その子がいじめをするのかを考えると，その子の生育歴や発達，それまでの人間関係，家庭状況，などを考えてしまいます。これらの中には，教師が踏み込めない領域の問題が多々あり，手を出すことができなくなってお手上げということになります。

一方，なんのために意地悪をしているのかと考えるとき，それは，相手と関わりたいのかもしれないし，相手の関心を引きたいのかもしれないし，ストレスを発散したいのかもしれません。その複合だとしても，過去の問題よりも理解がし易いのではないでしょうか。目的が理解でき，その目的の達成の方法が不適切なものになっているのなら，適切な方法に導くのが教師の役割になります。

(2) 認知論

「認知論」とは，「誰もが自分だけの眼鏡を通してものを見ている」という考え方です。ぽつぽつと降り始めた雨を見て，ある人は，鬱陶しいなと感じ，ある人は，気持ちが落ち着くなと感じます。道端を歩いている犬を見て，可愛いと感じる人もいれば，恐いと感じる人もいるし，無関心の人もいます。人は同じものを見ても，同じ体験をしても，感じ方はそれぞれ異なります。

教師はよかれと思って，クラスでルールを設定します。しかし，教師が思ったようにそれが運用されないのは，子どもたちがルールを自己都合で解釈して運用するからです。ルールが守られるためには，ルールを守ったときの行動が具体的にどのようなものかのイメージが共有される必要があります。教師が，「いじめや差別を許さない」と言っても，侵害行為や排斥行為が行われるのは，いじめ，差別に対する教師のイメージと子どもたちのイメージが食い違っているからです。

例えば，隣の子と机を離している子がいたとして，教師が注意しても，子どもはどうして注意されたか理解できない場合があります。だから，なぜ，机を離すことがいけないのか説明しなくてはなりません。また，小学校高学年の女子たちが数人で集まってこそこそと話をしているときに，教師が注意をすると，これもまた理解されずに不信感すら抱かれることがあります。「何か，私たち悪いことしましたっけ？」という具合にです。そうした場合は，別な子どもたちに頼んでロールプレイなどをして，同じ空間でこそこそ

話すという行為をし，どんな風に見えるかを体感してもらうようなことが必要なときがあります。

　人間関係のトラブルは，こうした認知の不一致によって起こることがよくあります。人の受け取り方はそれぞれ異なることを前提に，人間関係のトラブルなどの指導に当たると，子どもたちは自分たちが理解されたと感じて，教師を信頼し，その指導を受け入れるようになるかもしれません。保護者とのトラブルなども同様です。保護者は，教室にいません。子どもの言ったことを事実のように捉えて，訴えてきます。

　だからと言って，それを事実ではない，事実と異なると言ってしまうと，問題解決の可能性は一気に下がります。保護者にとっては，それは事実なのです。生徒指導や保護者のクレームなどの場合，まず，相手の話にじっくりと耳を傾けよ，というのは，相手の認知を理解せよということです。そこから，指導や対話が始まるのです。

(3) 対人関係論

　「対人関係論」とは，「全ての行動には相手役」がいるという考え方です。アドラー心理学では，人のあらゆる行動は，対人関係上の問題を解決するために計画され実行されると捉えています。例えば，昨年暴れ回った子が，担任が代わった途端に落ち着いたという話を聞くことがあります。それは，子どもたちが育ったからとか，落ち着くための薬を服用していた場合は，薬が合うようになったのだとか，推察します。それらは，間違ってはいないかもしれませんが，アドラー心理学の立場からは，もう一つの考察ができます。

　岩井（前掲）は，「相手との関係性によって，抱く感情や振る舞い方は変わる」と言います[60]。なんだか，難しいことを言っているように感じるかもしれませんが，私たちは魅力的な人を見ればステキだと思うし，子どもを見れば可愛いと思うだろうし，物事をテキパキとこなす人を見れば憧れるでしょう。私たちの日常は対人関係論にどっぷりと浸かっていると言えないでしょうか。昨年まで暴れ回っていた子は，以前のクラスの人間関係の中では，暴れ回るという選択をしていることが彼の目的を達成することに寄与していて，また，今年度は暴れ回らなくても，目的が達成できているのだと考えられます。

　暴れ回る子と周囲の人間関係はどのようなものになっているのでしょうか。暴れ回る子は，無意味に暴れ回っているのではなく目的があります。暴れ回る子の周囲には，暴れるという行動を引き出し，強化するシステムができあがっていることがあります。例えば，特定の言葉や態度を示されると感情的になる子がいたとします。周囲の子は，それを知っていて，その子を暴れさせ，その後で，それを面白がったりはやし立てたり，ときには先生に反抗した場合に称讃したりして，強化している場合があります。

　不適応は，環境との摩擦のようなものだと考えています。アドラー心理学の立場に立てば，人間関係の有様は重要な環境の構成要素であると捉えることができます。人間関係の有様は，相互につながり合ったシステムです。不

適応とはそのシステムにおける，ミスマッチ状況です。不適切な行動をする子には，そのきっかけを与えたり，強化したりしている人的要因を調整することで不適切な行動を軽減，消去できると考えられます。

(4) 全体論

「全体論」とは，「人の心に矛盾はない。理性・感情，心と身体はすべてつながったひとつのもの」という考え方です。人を心と体，理性と感情，意識と無意識などと部分に分けて考えるのではなく，一つの統一体として捉えます。例えば，感情と身体の問題で言えば，「痩せたいけど痩せられない」というのは，食事を制限したり運動をしたりするダイエットのための行動を取りたくない理由を説明するために創り出した状況だと考えます。

こうした考え方に立つと，子どもたちの矛盾に満ちたように思える行動を理解できるかもしれません。学校に行きたいけど行けないという状態の子がいたとします。「行きたいのに行けない」というのは，何とも矛盾しているように思えます。しかし，「学校に行きたいという感情」と「学校に行かないという行動」は矛盾しているわけではなく，学校に行かないことを周囲に，或いは自分自身に納得させるために，「行きたいけど行けない」という状況を創り出しているのだと解釈します。

また，学校に登校しながら，教室で何もやろうとしない子がいるとします。それを見て「何しにきているんだ？」「だったらこなきゃいいのに？」と周囲は思います。しかし，その子は「学校にいたくない」わけでなく，学校にいる理由として，何もやろうとしないという行動を創り出していると考えます。本人にとっては合理的な理由があります。

ひょっとしたら勉強が思ったようにできていないのかもしれません。友達がうまくつくれないでいるのかもしれません。しかし，普通にしていたら，勉強ができないこと，孤立していることが，露見してしまいます。そうすることは，その子のプライドが許さないのではないでしょうか。しかし，何も

やらずにいたら，「勉強できなくて当然」「友達ができないのも無理はない」とお墨付きを得ることができるかもしれません。

　この話は，個人レベルの話ですが，野田（1984）は，「個人の生活に先立って共同体がある。人間の文化の歴史において，社会と関係のない孤立したかたちの生活などというものは存在したことがない。人間は『社会の中で』以外のありようでは存在しない」というアドラーの言葉を引用し，「アドラー心理学は，個人を『社会』というより大きな全体の中に有機的なものと見なす」という意味でも全体論を説明しています[61]。社会は単なる個人の寄せ集めではなく，一つの統一的な全体であるという考え方は，そのままクラスと個別の子どもを捉えるときの見方として援用できます。

　クラスは，子ども個人の寄せ集めではなく，一つの統一的な全体としての存在ということです。だからこそ，クラスには独特の雰囲気があるわけです。だからこそ，個別の問題行動への対応を誤ると学級崩壊のような全体の問題に発展し得るわけです。

⑸ 個人の主体性

　野田（1998）は，アドラー心理学の基本前提は，「ただ思いつくままに羅列されているだけであって，それら相互間の関係については，あまり検討されてこなかったように思われる」と述べ，基本前提を統一的に説明する概念としての「個人の主体性」を取りあげました[62]。野田は，さらに「主体性（subjectivity）というのは，「個人が精神や身体を動かす」というように，「個人」を文の主語にして考えることである。逆にいうと，「精神が個人を動かす」というように，個人を文の目的語におかないことである」と説明します[63]。野田の論は，少し難しく感じるかもしれません。

　岩井は，「個人の主体性」を「自己決定性」と言っています[64]。「置かれた環境をどうとらえ，どのように対応するのかそれを決めるのは自分自身」という意味です[65]。岩井の論を用いて，野田の論を見るとわかりやすいと思います。あなたという存在と不可分な環境において，あなたが主体的に認知した人間関係の中で，あなたが主体的に認知した目標を追求するために行動しているのがあなたであると捉えてみたらどうでしょう。

　クラスにおける子どもの行動は，クラスという場のシステムに組み込まれています。子どもたちは，そのシステムの中で，人間関係の影響を受けて，目標を設定し，行動します。システムの認知も，目標の設定も，行動の決定も，子ども自身が決めていると考えられます。つまり，子どもたちが，クラスという環境をどう捉え，どのような態度を取ったり行動したりするかは，子ども自身が決めていると捉えることができるでしょう。

　クラスで学習にやる気を示さない子や，言われるまで何もしない子，または，言われてもしない子たちは，とても受け身に見えるかもしれませんが，アドラー心理学的に解釈をすれば，主体的に，やる気を示さず，主体的に受け身になっていて，主体的に動かないことを決めているわけです。子どもたちも私たちもみんな主体的なのです。

3 アドラー心理学と民主的な教育方法

　アドラー心理学は，アドラーの死後，多くの弟子や研究者に引き継がれて発展してきました。現代アドラー心理学の整理を試みたマナスターとコルシーニ（高尾・前田，1995）は，教室におけるアドラー心理学の主要な提唱者としてドライカースを挙げます[66]。ドライカースは，何百人という教師を訓練し，教室におけるアドラー派心理学のテクニックを発達させたと言われます。ここでは，ドライカースの主張に基づく，アドラー心理学の学校教育への応用の在り方を見ることにしてみます。

　ドライカース（宮野訳，1996）は，脅し，叱責，甘やかし，責任転嫁，小言，お節介，あら探し，服従，無視などがあるとしてそれまでの伝統的な子どもの教育の在り方を批判し，人生の成功と幸福の鍵を握る「共同体感覚」を育てるための民主的な教育をすることを提唱しました[67]。

　ドライカースは，子どもの教育のための最も効果的な方法を「効果的な民主的方法」と呼びました。その民主的な教育の方法とは，

　①秩序を保つこと
　②争いを避けること
　③子どもを勇気づけること

マナスターとコルシーニ（高尾・前田，1995）より

だと言います[68]。しかし，マナスターとコルシーニはその具体を述べておらず，項目を列挙したに留まっています。ドライカースとソルツ（早川訳，1993）は，それらの３つの具体的な在り方を詳細に述べています[69]。そこで，ドライカースとソルツの記述を中心にしながら，その具体に迫ってみたいと思います。

⑴　秩序を保つこと

　マナスターとコルシーニ（高尾ら訳，前掲）は，「秩序の維持」について，「自然な結末と論理的結末，訓練のために時間をとること，一貫性，最初の衝撃の効果という誤謬を避けること，独立を刺激すること，他の大人の影響を無視すること，場面をセットすること，一緒に楽しむこと」を挙げています[70]。

①自然な結末と論理的結末

　これらはアドラー心理学に基づく教育，特にしつけの部分について語る上で，とても重要な理論と方法だと考えているので少し丁寧に扱います。

　ドライカース（宮野訳，前掲）は，叱責は，深く子どもを傷つけ自信を失わせると共に，欠点が取り除かれるどころか，かえって根づかせてしまう結果になりかねないと考えていて，罰や報酬に代わるものとして「自然な結末」と「論理的結末」という技法を提案しました[71]。

　「自然な結末」とは，親が子どもに矯正するのではなく，子ども自身に起こる結末を体験させる方法で，「論理的結末」とは，子どもに物事を論理立てて考えさせた上で決断させ，それによって起こる途中の出来事やその結末を体験させる方法です（ディンクメイヤーとマッケイ／柳平訳，1982）[72]。

　「自然の結末」も「論理的結末」も教室ではしばしば，教師は自然に活用していると思われます。例えば，ほとんどの子どもたちが授業開始時刻になっても現れないで，5分ほど経って全員がそろった場合，「始まりが遅かったので，5分授業の終わりを遅らせますね」と言って，授業の終わりを延ばすという場合や，或いは，授業開始時刻に全員が揃っていなくても授業を始める場合です。

　「論理的結末」は，休憩時間に個別指導している傍らで，騒いでいる子どもたちに対して，「今，○○さんに算数を教えているんだけど，教室で過ごしたいなら静かにしていてくれる？　もし，大きな声を出したいなら体育館

などに行ってくれる？」と選択肢を与えるなどして判断してもらう方法です。

　問題行動をする子どもをしばらくの間，抑えないでやりたいようにやらせておけば，抑圧された感情を解き放つチャンスを子どもに与えることになるだろうし，親や教師の寛容さが子どもの抵抗を随分和らげるだろうし，また，その抵抗がなければ子どもは，自分の欠点をしつこく繰り返すことはできないとドライカースは考えていました（宮野訳，前掲）[73]。

　しかし，これらの方法は万能ではありません。ディンクメイヤーとマッケイ（柳平訳，前掲）は，「「論理的結末」は，用い方によっては，罰になってしまうことがあるので，論理的結末のしつけを応用するときは，必ず子どもに選択の余地を与えること，また，子どもに選択をし直していいことを伝えること，そして，子どもの好ましくない言動が繰り返されるときは，しばらく時間をとってから2回目の選択をさせること」としています[74]。ドライカースとソルツ（早川訳，前掲）は，「重要なのは，子どもに繰り返しチャンスを与えることであり，それにより，子どもは自分と自分の学習能力に対するチャンスを与えた者からの信頼を察知する」と言います[75]。

黒板に、書いてある
あの名前って、なーに？

うんとね、あれは、朝学習で、読書していなかった人の名前だよ
うちのクラスは、去年からず～っとやっているんだよ
クラスのルールだからね
どうして、そんなこと聞くの？

○月　○日（　）

あやか
たかし
けんと
さとみ
まさみ

ドライカースの罰のもつ破壊的影響への認識から，それへの改善策として考え出されたこの技法は，「秩序の維持」にとってもっとも重要なものであると思われます。「自然の結末」や「論理的な結末」によるしつけは，大人の毅然とした態度が要求され，そこには自ずと一定のルールを守ることが要求されるからです。したがって，以下に示す技法や原理は，独立して機能するものではありますが，この「自然の結末」や「論理的結末」によるしつけを成立させる要因にもなることでしょう。

　4年B組の事例で述べましたが，このクラスだけでなく，現在，学級を訪問させていただくと，罰を予期させるようなルールによって行動を規制したり，秩序を維持したりしようとしているクラスが少なくないことに気づかされます。課題を出していない子の名前を黒板に書いておくとか，朝学習で注意された人は，先生がくるまで立っているなどのようなことです。しかも，そのことを教師も子どもも当然のこと，自然なことと認識していると思われる節があります。罰による行動規制が，私たちの生活に根付いていることに気づかされる瞬間でもあります。

　クラスにおける指導原理が「罰による行動規制，秩序維持」になっている場合は，「結末から学ぶ」という方向への変換が必要です。罰による行動規制は，周囲の環境に対する不信感を形成し，健全な人格の育成を為し得ないからです。

②訓練のために時間を取ること

　「子どもたちが生きていくための多くの機能を身に付けるためには一定の訓練が必要」です（早川訳，前掲）[76]。子どもが生きていくための機能は，大人が思いついたときに口で説明したり，それが必要になったときに叱りつけたり，罰を与えて脅したからといってすぐには身につきません。一定の訓練や練習が必要であり，毎日の日課の中にこうした訓練のための時間を設けるべきです。

　子どもの不適切な行動は，注意したり叱ったりすることで強化されてしま

うことがあります。それよりも「知らない」から「わからない」から，という前提に立ち，まず教えて，練習させ，その進歩や努力を認めるようにした方が効果的です。子どもたちを放っておいても社会的能力は身につきません。子どもたちの自立のためには，そのためのトレーニングの機会を確保することが必要です。

③一貫性を保つこと

「自分で決めたしつけ法をあくまでも守り通せば，子どもたちは安定感と安心感を得ることができます。そうすることにより，彼らは，秩序を重んじることを学び，自分の立場をしっかりと確認します」（早川訳，前掲）[77]。

子どもたちが，自らルールを守るようになるためには，ルールを守るよさを実感する必要があります。しかし，それは時間がかかりますし，容易ではありません。側で見守る教師が，常にルールをつくる補助をしたり，ルールに気づかせたり，守っていることを認めて強化したりして，一貫して見守り続ける必要があります。叱りつけることでルールを守らせている教師をたまに見ますが，それは，教師を恐れたり，そうした教師の態度を面倒くさがったりしているだけで，ルールを守るようになったわけではありません。教師が一貫していることは，教室の安定につながります。

④最初の衝撃の効果という誤謬を避けること

人は恐怖という感情を利用して人を支配しようとします（早川訳，前掲）[78]。最初の恐ろしい体験，すなわち衝撃が持続しても，恐怖が増大するのは親が子どもと一緒になって怖がったときで，そうなると子どもは恐怖を引きずる傾向にあります。

エピソード２のツヨシ君のような子が，何か不快な思いをして感情的になって暴れたとします。不快なことは間違いありませんが，それを維持させ，増大させているのは，教師や周囲の子どもたちの反応ということです。教師が過剰に注目したり，周囲の子どもたちが怖がったりすることによってツヨ

シ君の行動はより強化されます。

　ツヨシ君は，教師や子どもたちの注目を集めるために自らの恐怖という感情を利用したと考えられます。私たちは，子どもの行動に恐怖を感じることがあります。それを感じてしまうことは致し方のないことですが，それによって，子どもの欲求充足に手を貸したり，要求を飲んだりしてしまうと，子どもは不適切な行動をやめません。学級崩壊をしたクラスでは，1日に同時多発的に，こうした恐怖を利用していると思われる子どもたちの行動が起こります。教師も人の子です。子どもたちのイレギュラーな行動に恐怖を感じることは自然なことです。しかし，恐怖を感じても構いませんが，動じてはいけないのです。少なくとも動じた様子は見せないようにします。

⑤独立を刺激すること

　「子どもができることを大人が代わりにやってはいけません。私たちは一歩下がって子どもにゆとりを与え，決して余計な手出しをせずに子どもを勇気づけてやらなくてはなりません」（早川訳，前掲）[79]。

　問題行動の解消や学級崩壊状況の正常化レベルならば，ドライカースの言うような，民主的な教育などは必要ないのかもしれません。しかし，本書でねらっているのは，荒れの解消や学級崩壊の治療ではないのです。マイナスを0の状態にすることではなく，プラスの状態に育てることを意図しています。問題状況を，問題のない状態にしようと思うから，力で押さえようという発想になるのです。

　本書のねらいは，集団の機能回復と子どもの人格形成や自立のための情報提供です。プラスの状態にするためには，子どもたちの問題状況改善への主体的参画が必要です。だから，トラブルは，可能な限り子どもたちに開示し，子どもたちが自らの手でトラブルを解決するようにするべきです。しかし，荒れた状態の子どもたちにいきなりトラブル解決を委任するのは，荷が重いことでしょう。だから，委任する前に，然るべき部分に介入し，教えるべきことはしっかり教え，様子を見ながら徐々に手放していくようにします。子

どもたちの自立に必要なことは，課題への取り組みを見守り，勇気づけ続けることです。

⑥他の大人の影響を無視すること

「子どもを扱う能力に自身のある人は，子どもに対する他人の接し方に強い理想を抱きがちです。子どもと他者の関係は，当人同士のものであるから子どもの人間関係を支配してはいけません」（早川訳，前掲）[80]。

教師に対してあれやこれやと注文をしてくる保護者がいるとします。もし，教師のやっていることに違和感をもつならば，保護者は教師に注文をつける前に，子どもによく事情を聞いて，子ども自身で対処できることならば，子ども自身に対処するように言うべきなのです。勿論，この話は，子どもが不当な扱いを受けていると察知したら親として教師に注文をつけたくなるという感情は十分に理解できるという前提に立った上での話です。

子どもはいろいろな社会（コミュニティ）で生きる力をつけていった方がいいのです。家庭のあり方を学校に押しつけるような形になってしまうと，子どもは学校という家庭とは別の環境での適応能力を失ってしまう可能性があります。

事例にあった，来年のクラス替えやクラスの子どもの人間関係に対して注文をつけてきた保護者の方の感情はとてもよくわかりますが，一方で，親御さんとしてするべきことを誤っているのかもしれません。こうした原則に立つと対応が見えてきます。

子どもの人間関係は親であろうとも教師であろうとも支配してはいけないのです。ここで言っているのは保護者に対する批判ではありません。このような原則を知ることで，事例のような親の要望に対する教師の行動が見えてきます。

⑦場面をセットすること

「親が子どもと権力争いをしているような場合は，論理的結末は罰として

利用される傾向があるので、その効果は失われてしまいます。したがって、論理的結末を利用するときは、こうした危険性を常に意識し、ふさわしい場面で使うようにすることが重要です」（早川訳、前掲）[81]。

　論理的結末は罰に代わる教育方法としてとても有効ですが、子どもとの信頼関係が弱いときや、教師の側に、子どもを言いなりにしようという意図がある場合は、うまく機能しません。もし、信頼関係の弱い状態で「〜したら、どうなると思う？」と聞いたらどういうことが起こるでしょう。恐らく子どもは、「挑発された」または「脅された」と捉えることでしょう。そこに教育効果が生じないことは容易に想像できるでしょう。

　また、良好な関係においてもリスクがあります。そうした状況において同様の問いをした場合、こちらに子どもを思い通りにしたいという意図があると、それは、教育ではなく支配となることでしょう。馬力のある車を運転するほど、安全運転に対する高い意識が必要なように、効果的な教育方法を使うときに、それが目的、つまり子どもの利益、子どもの自立に向かっているかどうか、支配になっていないかどうかを自問する必要があろうかと思います。論理的な結末を使用できる条件になっているかどうかを見極めることが大切です。

⑧一緒に楽しむこと

　「大勢でひとつのことを楽しめば、みんなの心がひとつになる。ゲームやみんなが楽しく参加できるイベントを通じて、家族の団結精神を養うことができます。団結の心は平等の精神を養い、また家庭生活にとって欠かせない要素である和やかで温かい雰囲気をもたらしてくれるのです」（早川訳、前掲）[82]。

　例え学級崩壊のクラスに関わっていても、教師は、楽しむことを疎かにしてはいけません。むしろ、クラスがしんどい状況だからこそ、楽しもうとする姿勢が大事です。荒れているからといって、ルールで縛ることや叱ることばかりで何とかしようとすることは全く効果がないどころか、逆効果である

教室は４Ｆにあります
踊り場に、鏡があるので
教室につくまでに、３枚の鏡で
笑顔をつくる練習をしています

つらくないって言ったら
嘘になりますが
笑っていないと
やってられないっすね

ことをここまで述べてきました。全員団結のイベントをいきなり開催することは難しくても，数分のゲームや，ドッジボール大会やサッカー大会などの，比較的混乱が少ないイベントならば，実施が可能ではないでしょうか。

　初めて崩壊したクラスを担任したときに，私の恩師であり師匠の橋本定男先生に言われたことが今でも忘れられません。「自分の声を聞いて，普通の声で話すんだよ」荒れの真っ只中にいたときは，この言葉の意味がわかりませんでしたが，クラスが落ち着きを見せ始めると少しずつわかってきました。自分が笑顔で，穏やかな声で話す時間が多いときは，荒れたクラスも比較的落ち着いていました。

　しかし当時の私は，終始疲れた表情と，とげとげしい声で子どもたちに授業し，指示をしていたと思います。頑張ろうとする自分の姿が，子どもたちにとっては，嬉しくない状態になっていたのだと思います。これでは子どもたちもたまったものではありません。こういう状況だからこそ，教師は笑顔で穏やかな声で話すべきなのだと思います。状況をどう捉え，どう行動する

秩序を保つ

結末から学ぶ	自立のため時間を確保する	一貫性をもつ
恐怖を感じても動じない	取り組みを見守り勇気づける	人間関係を支配しない支配させない
場面を見極める	楽しむこと，ただし，一人で頑張らないこと	

かという個人の主体性は，学級担任にこそ問われることなのだと思います。穏やかな日常は教師のあり方から始まることは常に心掛けておくといいでしょう。

　教師が学級経営を楽しむことはあくまでも原則です。一人で頑張らないことです。管理職や同僚を味方に付けて，相談しながら取り組みを進めるべきです。だからこそ，教師は職員室でもネットワークを作っておく必要があります。学級崩壊の課題は，周囲との新しい関係性の構築によって活路が見出されると述べてきました。職員室でもあなたの応援団を組織しておくことが，あなたの力をさらに強くします。

⑵　争いを避けること

　マナスターとコルシーニ（高尾ら訳，前掲）は，「争いを避けること」について「言葉の代わりに行動を用いるという原理，支配ではなく確固とした

態度を用いること，身を引くことの効果，子供の目標を理解すること，挑発からは身を引いても子供自身から身を引かないこと，子供のけんかに干渉しないこと」と説明しています[83]。

　ドライカース（宮野訳，前掲）は，子どもが問題行動を起こすときはいつも，器官劣等性，甘やかし，抑圧，そして他の人々との関係の中でもったディスカレッジングな経験によって，子どもが自分への信頼をなくし始めており，共同体によって何らかの方法で拒否されていると感じている印であり，親や教師がその戦いに参加していたのでは子どもと共同体との戦いをやめさせることはできないと考えていました[84]。

　ディスカレッジな経験とは，勇気がくじかれる経験です。子どもの不適切な行動の背景には，自信を失ったり，周囲との関係が悪くなったりしている実感があり，そこには，誰かとの競争が絡んでいると考えられます。他者を含む環境との競争的関係の中で勇気がくじかれることによって，問題行動を起こしているのであれば，それを支援しようとする親や教師が，その子に「思い通りにしよう」「言うことを聞かせよう」などの意識をもち，競合的な関係になってしまっていては，支援できるはずがありません。だからこそ，子どもを支援しようと思ったら，争いを避けることが必要となります。

①言葉の代わりに行動を用いるという原理

　ドライカースとソルツ（前掲）は「親は，自分が何を行い，何を実行するかをはっきり決めておくことが大切です」と言います（早川訳，前掲）[85]。これは，そのまま教師にも当てはまります。

　子どもの行為を言葉で注意すると，そこに競争関係が生まれがちです。例えば，子どものおしゃべりを注意したとき，それが効果的でないと，言うことを聞かないとか反抗するという新たな問題が発生します。一方で，子どもが聞く姿勢になるまで話をしないという指導法を取る先生がいますが，その行為は，理にかなっていると言えます。子どもたちが再びおしゃべりをし出したら，教師は黙ります。

ムッとするとか「静かにしなさい」と注意をするなど，感情的に反応するのではなく，理性で判断し，話をやめるという行動を取るのです。反応せず行動するという原則です。

②支配ではなく確固とした態度を用いること

　「子どもの法外な要求に屈したり，気まぐれをいちいち許したりすることを拒否し，ひとたび道理にかなった決断を下したなら，あくまでも貫き通さなくてはなりません」（早川訳，前掲)[86]。

　先ほどの，おしゃべりの例で言うと，ムッとして不機嫌そうにしたり，おしゃべりしている子を睨んだりして，圧力をかけないことです。ここで必要な態度は，「毅然とした態度」です。毅然とした態度とは，圧力をかけることではなく，動じないことです。人の手では動かすことができない岩があったら，人がそれを避けます。つまり，動かざるモノを相手にしたときは，相手が動くわけです。圧をかけたり，言葉で何とかしたりしようとすると，それは感情的な問題に発展しまう，即ち，競争がもち込まれてしまいます。

　だから，子どもがおしゃべりしている時は，「しゃべらない」という行動を「静か」に取ります。子どもがルールを破ったら，教室に掲示してあるルールを指し示して，「ルールを思い出してね」と促してもいいでしょう。「言葉を使っているじゃないか」と指摘されるかもしれませんが，黙ってルールを指さす方が高圧的に感じませんか。

　冷たさや高圧さを出さない自信のある方は，ルールを黙って指し示したらいいと思います。ここで言葉を使用するのは，あくまでも，行為に人間味を

みなさま、右手に見えますのが話の聞き方のルールでございます

ここまでとはいいませんが圧をかけないようにします

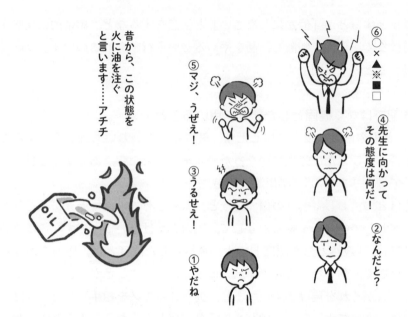

昔から、この状態を
火に油を注ぐ
と言います……アチチ

⑤マジ、うぜぇ！

③うるせぇ！

①やだね

⑥○ × ▲
※ ■ □

④先生に向かって
その態度は何だ！

②なんだと？

加えるためです。また，対応がぶれてしまっても，効果を発揮しません。「昨日は，ルールを示しただけなのに，今日は叱った」ということでは，子どもたちは，よりインパクトの強い方，叱る方の指導原理に従います。「動かざること山の如し」です。

　しかし，実際には，完璧に毅然とするのは難しい場合もあると思います。私も一貫させることが苦手です。割合の問題だと思います。人間ですから，つい，カッとして注意してしまうこともあろうかと思います。厳密な一貫性よりも，子どもたちから見た場合，対応が一貫していると解釈されることが大事です。子どもたちは，あの手この手で教師を揺さぶろうとします。しかし，彼らを責めないであげてください。彼らも必死なのです。だから，教師は，カッとせず，向きにならず穏やかに動じないことが大事です。

③身を引くこと

　「親や教師と子どもの対立において，どちらか一方が引き下がれば，相手

は対立関係を続けることができなくなります」(早川訳, 前掲)[87]。ドライカース (宮野訳, 前掲) は, 子どもは非常に強い従属願望を抱いているため, 闘いの場に誰もいなくなってしまうと, 態度を改め, 怒りをあらわにするような無駄なことはしなくなると言います[88]。

　子どもを注意したり, 叱ったりすると, その行為をさらにエスカレートさせることがあります。第1章, エピソード2のツヨシ君は, 感情的になって暴れ, それを注意されると更に暴れるということがありました。また, あるクラスで, 授業中に立ち歩き, 執拗に先生, 先生と声をかける子がいて, その子を叱ったら, 激しく泣きじゃくりました。こうした場合は, 教師と子どもが競争関係になっている場合です。当該の子どもたちが, そのことを意識しているかどうかはわかりませんが, 全体論に立つアドラー心理学ではそうしたことには注目せず, それがその子の判断に基づく行動だと考えます。

　教師が注意することも叱ることも, なだめることも効果はありません。だから, 注意や叱責をやめる, なだめるのもやめるという行動を選択して, 競争関係に陥ることを防ぎます。大抵教師が指導に失敗するのは, 子どもを自分の言いなりにしようとして, 教師から子どもに競争をしかけてしまっているときです。

　また, 子どもの不適切な行為を見て, 感情的になってしまった場合は, 教師自らその場を去り, 言葉よりも行動で示せる段階に落ち着いたら教室に戻り, 毅然とした行動をするというのも効果的な身の引き方です。教師は, 相手が子どもだから, 言いなりにできると思って, ついつい勝負してしまうことがあるのではないでしょうか。

　教育は勝負ではありません。学級崩壊が負けられない勝負だとしても, 勝負する相手は子どもではありません。状況との戦いです。子どもそのものとは勝負しないことです。

④挑発から身を引いても子ども自身からは身を引かないこと

　ドライカースとソルツは, 「子どもとの衝突から身をかわすというのは,

子どもから避難するのとは全く違います。愛情，思いやり，親密さは失ってはいけません。衝突が起きそうなときに避難することによって，親密さを保つことができます」と言います（早川訳，前掲）[89]。

　子どもの不適切な行動に注目しないということは，最近では現場の多くの教師が知っていて，実践しているようですが，気になることは，それが「冷たく」感じることです。「不適切な行動をスルー」という行為は，常に，「適切な行動に注目する」という行為とセットです。不適切な行動をスルーしたら，適切な行動をしているときには，声をかけ，笑顔を向け，視線を送る，おしゃべりをするなどその何倍も関心を向けるくらいのことが必要です。

　不適切な行為を止めさせようとして，子どもとぶつかったら，競争関係をそこにもち込むことになり，子どもとの関係が悪くなります。だから，問題状況についてはスルーをします。こうした対応をしていると，「ごまかしている」と思う方もいるでしょう。しかし，これは私たち教師が，子どもたちにとってあたたかな存在でいるためです。冷たい教師は嫌われます。嫌われたら，指導や支援ができなくなります。不適切な行動は，その子のもつ問題の氷山の一角であり，本質ではありません。ドライカースの言っている一連の対応は，子どものもっている問題の本質に迫るためのものです。

　不適切な行動をしている子どもをスルーするにしても，ルールを指し示すにしても，態度にあたたかさが見え，その根底に愛情がないとこうした指導はことごとく効果を発揮しないことでしょう。立ち歩いている子が着席したら，その子の目を見る，小さく頷く，それ以外の時間で，認めるなどのことがあるからこその指導なのです。

　問題ばかり見ていると，子どもの嫌なところばかりが目に入ってきます。そうなると私たちの言葉や態度に，警戒心や不安や不信が入り込んできます。それは，彼らに察知され，彼らと距離をつくってしまうことでしょう。しかし，子どもをありのままに見つめたら，よくないところも見えますが，よいところも見えてくるでしょう。問題に注目せず，子どもに注目することが大事です。

⑤子どもの喧嘩に干渉しないこと

　ドライカースとソルツ（早川訳，前掲）は，「私たちが，幼い子どもの肩を持ったり，一番下の兄弟を上の子から守ろうとしたり，われわれが「虐待」を受けたと見られる子どものために立ち上がると，かえってその子の劣等意識を強めてしまい，親から特別扱いしてもらうために自分の不完全さや弱さを利用する術を教え込んでしまう結果になります。あくまでも，子どもに任せておけば，彼らはわれわれがお膳立てしてやった場合よりもはるかに平等で公正な関係を作り上げます」と言います[90]。

　学級担任をしていると日常的に，子どもたちの喧嘩を目にします。その中には，放っておいてもいいものもありますが，放っておくわけにいかない場合もあります。特に，当事者の一人が訴えてきた場合です。

　こうした場合は，双方から事情を聞いた上で，中立の立場で仲裁するということを多くの場合やっていることでしょう。ここで大事なことは，無闇に解決策を与えないことです。少なくとも，まずは解決策を当事者同士に考えて貰います。私の場合は，「先生は，詳しい事情はわからないから，2人で

解決策を考えてくれない？」と依頼します。勿論，子どもたちの様子を見て
どこで手を引くかは場合によって異なります。双方または，どちらかが感情
的になっている場合は，依頼したらダメだと思います。まずは，クールダウ
ンの時間を取ってから話し合いをして貰った方がいいでしょう。また，双方
の表現力が稚拙な場合は，教師が入って仲立ちをして言葉を補った方がいい
こともあります。どれくらい関わるかは，子どもの実態と状況によります。

　荒れたクラスの場合は，今日の被害者が，明日の加害者になっていること
があります。どちらか一方に肩入れすると，「先生は，昨日は味方してくれ
たのに，今日はあっちかよ」と不信感を買ってしまうことがあります。どち
らに肩入れすることもなく，解決は当事者に委ねることが基本です。ただ，
委ねた場合の，事後の確認はした方がいいと思います。委ねた後に，「解決
策が決まったら先生にも教えてね」と伝えたり，数日後に，「ねえ，あのと
きのこと，うまくいっている？」などと聞いてみたりするといいと思います。
うまくいっていなかったら，もう一度，話し合いが必要かもしれないからで
す。うまくいっている場合は，喧嘩したことすら忘れているかもしれません。

　学校における喧嘩の場合は，兄弟喧嘩と違って，ちょっとした誤解が保護
者を巻きこむトラブルに発展する可能性がありますから，慎重さが必要です。
しかし，だからと言って教師がそれを抱え込むことも，問題なわけです。干
渉せずとも，心は離さずの態度が大事です。

⑥子どもの目標を理解すること

　ドライカースとソルツ（早川訳，前掲）は，「社会的な生き物である子供
にとって，最大の動機は所属願望です。子供の安心感，もしくは不安感は，
ある一定の集団に属しているという実感に左右されます。所属願望は，子ど
もにとって最も基本的な欲求です。子供の行動はすべて，自分の居場所を確
保するという目的をもっています」とした上で，「子供の不適切な行動には
４つの「誤った目標」があり，それを認識すれば，それに対する基本的な態
度を知ることができる」と言います[91]。子どもの教室における行動は，適切

なものも不適切なものも，全て自分の居場所を確保するための適応行動だと考えられます。不適切な行動は，居場所のための「誤った目標」をもった状態だと言うのです。

　例えば，クラスにおける居場所を見つけるため（目的）に，過度の注目を得ようとすること（目標）などです。例えば，教師が「おはよう」と言うと，教師に向かって「うざ」と返す子がいたとします。普通に「おはよう」と返せばいいものを，と周囲の人は思います。しかし，その子は，普通に「おはよう」と返される程度の注目では満足できないわけです。普通に挨拶することは，その子にとっては居場所を失う行為であり，かなり勇気のいる行為なのかもしれません。

　また，教室内で立ち歩く子がいたとします。30人のクラスだったら，普通に着席していたら，教師の関心の配分は，通常，$\frac{1}{30}$です。しかし，立ち歩き，教師がそれに気づいた瞬間，教師の関心は$\frac{1}{1}$の配分になります。普通に授業を受けていたら，居場所を失ってしまうと信じている可能性があります。

　「それが，居場所を見つけることなのか」と思われるかもしれませんが，みなさんが新しい職場に異動して，誰もこれといった関心をあなたに向けなかったとしたら，所在なさ，つまり，居心地の悪さを感じませんか。大抵の職場だったら，すぐに気さくな人が現れて，あなたにいくつかの声掛けをするでしょう。「出身はどちらですか？」「○○先生が，よろしくって言っていましたよ」などと。そうした途端に，先ほどの居心地の悪さは軽減し，心細さが解消することでしょう。取りあえずの居場所ができたからです。

　第1章，エピソード3のカイ君は，乱暴な言葉を使うことで，周囲を恐れさせたり，驚かせたりし続けてきたわけです。それを手放したら，居場所がなくなってしまうのです。だから止められないのです。また，学校では禁止されている物をもってきて見せびらかす子がいます。それらを取りあげてもあまり効果はありません。それは，所属のための必須アイテムだからです。取りあげても別の物をもってくるだけです。厳しく対応したとしても，今度は物をもってくるのを止めて，別のルール違反をするかもしれません。居場

所の問題が解決していないからです。

　子どもが誤った目標をもつということは，「全体論」の立場から見ると，問題行動を示す子どもが存在する教室全体が，誤った目標をもつような構造になっていると考えられます。普通に他の子と同じように行動してると注目されないようなシステムになっている可能性があります。また，「対人関係論」の立場から見れば，過度の注目を得ようとすることは対人関係の問題そのものです。教室内に不適切な行動を誘い出し，強化している相手役がいる場合が想定されます。教室に適切な人間関係の量が足りないことが想定されます。つまり，関わり不足です。教室全体の構造から起こっている対人関係の問題である子どもの問題行動において教師と子どもが争うことは，問題の解決には結びつかず，問題を継続させたり悪化させたりすることになるでしょう。

　なお，ドライカースとソルツ（早川訳，前掲）は，子どもの誤った信念に基づく誤った目標として，「必要以上の注目願望」「権力に対する反抗―力の誇示」「復讐」「無能・無力さの誇示」の４つを挙げています[92]。それへの対応については，ディンクメイヤーとマッケイ（柳平訳，1982）が整理したものを表2-2（p.144）に紹介します[93]。

いやいや、ぼくだってね、バカじゃないから、笑顔であいさつした方がみんなと仲良くなれるのはわかりますよ

ただね、そっちのハードルは、ぼくには高すぎるんですよ

ずっと、怒鳴って、悪口言ってやってきたもんで

そうしないとさ、ボク無視されちゃいますから

目的 居場所の確保

目標 無能・無力さの誇示

目標 仕返し（復讐）

目標 力の誇示

目標 注目

表2－2　子どもの誤った信念とよりよい教師の対応

子どもの誤った信念	子どもの目標	よりよい教師の対応
人の関心を集めたり，人から奉仕されたりしたときだけ，家庭や社会に所属していると感じる。	関心を引く（必要以上の注目願望）	できる限り子どもの『好ましくない言動』を無視する（反応しない）。子どもが教師の関心を引こうとして見せる言動ではなく，『建設的な言動』をしたときに，関心を示す。子どもに対して世話を焼きすぎたり，ちやほやしたりするなど過保護にしない。注意，叱責，ほめる，与えるようにほめる，なだめすかす，世話を焼きすぎることは，全て間違った関心の示し方であることを理解する。
人を支配したり，人の上に立ったり，あるいは誰も自分に指図できないことをまわりに示したときだけ，クラスや社会に所属していると感じる。	主導権を握る（権力に対する反抗—力の誇示）	子どもとの争いから身を引く。子どもの手助けや協力を求める機会を作り，主導権は建設的に利用できることを知らせる。教師が子どもと争ったり，言いなりにさせることは，子どもの主導権への志向をいっそう強めるばかりであることを理解する。
自分が傷つけられたように他の人を傷つけたときだけ，クラスや社会に所属していると感じる。	仕返し（復讐）	傷ついたと感じたり，罰を与えたり仕返しすることを避ける。子どもとの間に信頼関係を打ち立てる。愛されているという確信を子どもに与える。
人から何も期待されていないことを確かめられたときだけクラスや社会に所属していると感じる。自分には何もできない，頼りないと思う。	無気力な態度（無能・無力さの誇示）	あらゆる批判をやめる。どんなに小さくとも建設的な行動なら勇気づける。子どもの長所と能力に関心を集中する。決して，かわいそうだと思ったり，子どもへの働きかけをあきらめたりしてはいけない。

出典

* D. ディンクメイヤー，G. D. マッケイ／柳平彬訳（1982）『子どもを伸ばす勇気づけセミナー STEP ハンドブック』発心社，p.27から一部抜粋し，家庭をクラスに，親を教師にするなどの修正を加えた。
* （　）内の言葉は D. ディンクメイヤー，V. ソルツ／早川麻百合訳（1993）『勇気づけて躾ける　子どもを自立させる子育ての原理と方法』一光社，pp.90-104から引用し，筆者が加筆したもの。

┌─ クラスの荒れに向き合う民主的な教育方法２ ──────────

争いを避ける

反応せず 行動する	穏やかに 動じない	勝負しない

問題に注目せず 子どもに注目	干渉せず 心は離さず	子どもの目標 を理解する

└──────────────────────────────────

(3) 子どもを勇気づけること

　「子どもが問題行動を起こしているときは，自信をなくし，共同体によっ
て何らかの方法で拒否されていると感じているとき」というドライカースの
言葉を前述しましたが，彼は，子どもがこうした困難な状況にいるとき，
「私たちがなすべき最初のことは，子どもを勇気づけること」と述べていま
す（宮野訳，前掲）[94]。

　マナスターとコルシーニ（高尾ら訳，前掲）は，「子どもを勇気づけるこ
と」について，「従順さおよび尊敬をうながすこと，誤りを少なくすること
－それらの意義と特殊性－子供の心に自他への哀れみを誘発することの危険
を認識すること，相互の努力による相互信頼感を注入すること，主として家
族会議を通して「あけすけ」であることと家族を組織化すること」と説明し
ています[95]。

　子育てや教育にほめることが用いられることがありますが，ドライカース
とソルツ（早川訳，前掲）は，勇気づけの一手段として子どもをほめるとき
は「くれぐれも慎重に」行わなければならないと注意しています[96]。「賞賛
を報酬と受けとめている子どもは，それが不足すると自分が軽蔑されている

と思ってしまう」からです（早川訳，前掲）[97]。マナスターとコルシーニが整理した以下のようなドライカースの主張を見ると，勇気づけはその時々に応じた言葉がけや態度だけでなく，子どもに自信をつける場づくりや過程のような，関わり方全体を通した考え方であることがわかるでしょう。

①従順さおよび尊敬をうながすこと

　ドライカースとソルツ（早川訳，前掲）は，「民主的な生活は，お互いの尊重・尊敬の上に成り立っています。どちらか一方だけが尊重・尊敬されているような人間関係は，平等とは言えません」「対等な者が集まった場所では，ひとりひとりが同じ権利をもっている。大人にも子どもと同等の権利をもっていることをわからせる」などと述べ，民主的な教育の基盤に互いの対等性があると言っています[98]。

　また，マナスターとコルシーニ（高尾ら訳，前掲）は，「自分が相手よりも優れているとか劣っているとか思い込むことはすべて，優越したい，あるいは劣等でありたいと思うのもので，勇気に欠けていることを示している」

人間関係に、競争や上下関係を持ち込むといとも簡単にこのバランスは崩れますよ

民主的な生活の基本は、互いの対等性ですよ

民主的な生活

と言います[99]。

　民主的な生活の基盤は，対等であり，人間関係に上下を持ち込むことは，民主的な生活の否定であり，同時にそれは勇気に欠けた価値観や行動であると言っているのです。相手を尊敬することは，相手の下に潜り込むことではありません。対等になることです。教師が子どもの上に立とうとすると子どもも教師と上下関係をつくろうとします。子どもが教師より下にいることを承認した場合は，表面的にはうまくいっているように見えます。その逆になった状態が学級崩壊です。

　教師は子どもを尊敬し，子ども同士が互いに尊敬し合うように導きます。教室におけるほめ合いや認め合いはクラスづくりにおいて大事な活動です。しかし，そこには上下関係が入り込まないように注意することが必要です。

　また「従順さを促す」と言うと，「子どもに言うことを聞かせる」というようなイメージに取られがちですが，全く違います。その相手を信頼すると，その人に対して心を開き素直になります。「従順さを促す」とは，「信頼される」という意味で捉えた方がいいと思います。教師が信頼されるためには，子どもたちを信頼することから始まります。子どもたちが，仲間や教師を，対等性に基づき，尊敬し信頼し合うような関係をつくることが，勇気づけそのものになるのです。

②誤りを少なくすること

　ドライカースとソルツ（早川訳，前掲）は，「子どもの誤りに対し批判的な態度をしていると，子どもは失敗によって大人の注目を集めることができると認識し，誤りが助長される。よって，誤りに注目せず誤りを最小限に抑えるようにする」と言います[100]。

　「不適切な行動に注目しない」のは，それによって注目が得られたり要求が通ったりするのだという誤った学習をさせないためです。感情的になって暴れたときに，教室から出て貰うのは落ち着かせるためや周囲の注目に晒さないためであり，懲らしめるためではありません。また，立ち歩きや不規則

発言をスルーするのも，それによって注目が得られるという誤学習を防ぐことが目的で，無視をして悲しませることが目的ではありません。

　失敗場面に注目しないことで，不適切な行動をする子のイメージを守ることができます。教師が叱ったり注意したりすると，その子には，授業に集中できないこと，授業妨害をする子というレッテルが貼られます。そこには注目せずに，活溌に意見を言ったり，仲間に協力したりする場面に教師が注目すると，「あの子は，本当はいい子なんだよ」という認識を他の子どもたちと共有することができます。

　また，不適切な行動によって勇気がくじかれていくのは，他ならぬ不適切な行動をしている子どもたちです。だから，不適切な行動をしたときの教師の声掛けや指導はとても大事です。友達に悪口を言ってしまった，手を出してしまったとき，相手も傷付いていますが，自分自身も傷付いている場合があります。だから，そうなるに至った経緯や心情に理解を示した上で，「やったことは詫びるべきところがある」と，人格と行為を分けて，自分への評価が落ちすぎないようにします。自然の結末の原理に立つと，失敗して学ぶことも大事ですが，その機会は少なくすることが大事なのです。ただし，失敗させないことと捉えない方がいいです。

③子どもの心に自他への哀れみを誘発することの危険を認識すること

　ドライカースとソルツ（早川訳，前掲）は，「共感と哀れみ，つまり同情を区別する。同情には，相手を保護してあげたいという，自分の方が一段上に立っているような気持ちが含まれる。同情を注がれた相手は，物事を臨機応変に処理する能力を奪われる」と言います[101]。

　通常のクラスにおいて，教師は，一番の影響力をもつ存在です。自分の力量に自信のある教師ほど，子どもの課題を肩代わりしてしまいます。子ども同士のトラブルがあると，全てに介入し，自らが裁判官や警察官のようになって解決しようとします。しかし，教師が子どもの問題解決をしてしまうことでは，彼らの問題解決能力は育ちません。自己評価の低い教師もこうした

傾向が強くなります。子どもに認めてほしくて感謝されたくて，あれやこれやと子どもの問題に口を出し，関わろうとします。

　こういう教師は悪い人ではありません。むしろいい人なのだと思います。しかし，それ故に，子どもたちに同情してしまい，ついつい関わりすぎて，本来子どもができることをやらせないでいることがあります。子どもに関心が薄く放置している教師は論外ですが，関わりが過剰な教師も問題です。

　子どものことを「かわいそう」と思って同情すると，子どもはそうした教師の感情を敏感に察して，問題解決に消極的になります。例えば子どもが，誰かに悪口を言われたと涙を流しています。悪口を言った相手は，日頃から口が悪くてこれまでも多くの子が被害に遭ってきた子だったりすると，教師としての正義感や目の前の子への同情心から，ついつい，感情的な対応をしてしまいます。話もよく聞かずに，相手の子を呼び出して注意するようなことをしてしまったら，訴えた子は，自分自身の身に降りかかったことの解決に，教師を使うことを覚えます。

　教師に求められるのは，共感すれども同情せずという姿勢です。同情も共感も，相手の気持ちに向き合うことは同じです。しかし，同情は，「かわいそう」という言葉に象徴されるように，潜在的に自分は相手よりも恵まれている前提に立ち，自分の枠組みで相手の状況を見ている立場です。それに対して共感は，相手に起こったことを理解しようとしていて，相手は問題を解決できると，その自立性を信じています。だから，悩みなどを相談されたときに，「ひどい」「かわいそう」という思いよりも，「それは困ったね」という思いになるのではないでしょうか。

　トラブルの際，子どもたちがよく使う言葉に「ボクが何もしていないのに……」というものがあります。しかし，読者の皆さんならご存知のように，ほとんどの場合，そんなことはありません。被害を訴える子も「何か」をしています。教師は，トラブルの当事者になってはいけません。問題解決の支援者になることです。解決策を一緒に考えることや，問題解決のための応援をすることが第一です。

④相互の努力によって相互信頼感を注入すること

　ドライカース（柳平訳，1985）は，やる気を起こさせる方法として９つの条件を挙げていますが，そこで信頼に関わることを述べています。「子どもの人となりを信頼していることを伝え，子どもが自分自身に自信が持てるようにしてやる」「子どもの能力を信頼する。子どもの自尊心を培う一方，子どもからも信頼されるようにする」の２つです[102]。しばしば，アドラー心理学に関する書籍では，やる気は勇気に内包されるものやほぼ同義の概念として扱われることがあるので，ここで言うやる気は勇気として捉えておきたいと思います。

　野田（1997）は，対等な関係を「ヨコの関係」と呼び，その特徴の一つに「相手を信頼すること」を挙げています[103]。野田は「信頼というのは，基本的に相手を信じて，相手がどんな行動をしていようと，その向こう側には必ず善意があるのだということを信じることです。そして，相手には基本的に問題を解決する能力があるのだというふうに信じることです」と述べていま

す[104]。

　ドライカースの主張では，子どもを勇気づけるためには，子どもを信頼することが大切であり，そのためには，教師が子どもから信頼されることが必要です。信頼するだけは不十分です。信頼していることを伝えなくてはなりません。しかし，学級崩壊をしているようなクラスを担任していると子どもたちを信じられなくなることが度々あります。集団で一人の子をいじめたり，学校に火をつけたり，クラスのいじめられっ子が更に力の弱い子をいじめていたりと，予想を覆すことが次々と起こります。それでも，クラスを立て直そうと思ったら，「子どもたちを信じ続けよ」というのでしょうか。

　社会学者のルーマン（大庭・正村訳，1990）は，「信頼は，慣れ親しんだ世界においてのみ可能である。信頼は，その背景が確実なものとなるために，歴史を必要とする」と言います[105]。ルーマンの主張は，時空を越えた大きな話として受け止められるかもしれませんが，それは教室という小さな空間にも当てはめて考えることができます。信頼の構造は，同じだからです。教室に信頼関係を育てるためには，慣れ親しみとある程度の時間が必要だということです。

　学級崩壊の立て直しには，インパクトのある出来事や特効薬的な手立てで劇的改善を期待するのではなく，教師が子どもを信じ，互いが信じ合えるような小さな出来事をコツコツと積み重ねることが必要なのではないでしょうか。学級崩壊のクラスにこそ，教師と子どもの触れ合い，子ども同士が触れ合う機会を意図的に設定し，それを継続していくことが必要です。

⑤主として家族会議を通して「あけすけ」であること

　ドライカースとソルツ（早川訳，前掲）は，「子どもとの民主的コミュニケーション，話し合いが不足している。話し合いとは，問題を解決するために，あるいは現状をよりよい方向にもっていくためにどうすればよいかを大人と子どもが一緒になって考え，答えを探していくこと。子どもの協力を取り付ける最良の方法は，お互いの考えを，感じていることを思い切りさらけ

出し，互いにうまく折り合っていくためのよりよい方法を探っていくこと。その場として，家族会議がある」と言います[106]。

　企業研修やリーダーシップ研修を多数手がける清宮（2009）は，日本の企業のチームワークが機能しなくなっていることを指摘し，その理由としてコミュニケーション不全が起こっていると言います[107]。清宮がコミュニケーション不全の例として上げるのが，「コミュニケーションの量の減少」と「コミュニケーションの質の低下」と「マネジメント方法の不在」です[108]。

　学級崩壊のクラスにも，清宮の指摘が当てはまります。4年B組の前学年の3年B組は，元来，元気で朗らかな子どもたちがたくさんいるクラスでした。しかし，トラブルが起こり，声の大きい，キツイ言葉の子どもたちが言いたいことを言い，いつしか，一部の子どもたちが，わがままな言動をし，他の多くの子どもたちが押し黙る鬱々とした雰囲気に包まれるクラスになりました。コミュニケーションの質が下がり，やがて，コミュニケーションの量が減っていき，それを防ぐ適切なマネジメントがなされませんでした。

　実は，ここに学級崩壊のクラスを立て直すヒントが隠されていると思います。

　①コミュニケーションの質を上げること
　②コミュニケーションの量を増やすこと
　③そのための適切なマネジメントをすること

清宮（2009）より

です。

　ドライカースとソルツは，家族のことを取りあげていますが，関係性やサイズは異なっていても集団であることは同じです。上記3つの方向性で，クラス内に「あけすけ」なコミュニケーションを育てることです。つまり，何でも言い合える関係の構築です。そして，それは単におしゃべりをすることに留まらず，クラスをよい方向にもっていくためにどうすればいいかということを教師と子どもが話し合って決めていくという戦略をとります。学級崩

壊の改善は，教師一人ではできません。子どもの協力を取り付ける必要があります。

⑥家族を組織化すること

　ドライカースとソルツ（早川訳，前掲）は，「家族会議は家庭内のもめごとを民主的な方法で解決するために最も重要な手段の一つ。家族全員が集まって問題について話し合い，結論を探っていく。毎週，同じ曜日の同じ時間をこの家族会議の時間と決めておき，家庭生活の一部に定着させる。会議の時間は，家族全員の同意なしにむやみに変更されるべきではない。全員出席が原則。万が一家族の誰かが欠席した場合でも，その人は会議で決定された事柄に従わなくてはならない」と言います[109]。

　家族をよりよくするために家族全員が協力するための機会が家族会議です。子どもたちを学級改善の当事者にする，その機会として，クラス全員参加による，互いの悩みやクラスの問題を話し合う時間を設定します。クラスを組織化する必要があります。家族会議に対してクラス会議と呼ぶことができるでしょう。子どもたちを組織するために，クラス会議は有効な方法です。クラス会議については，第3章で述べたいと思います。

┌─ クラスの荒れに向き合う民主的な教育方法3 ──────

勇気づける

相互尊敬 相互信頼 でつながる	人格と行為を 分ける	共感すれども 同情せず
触れ合いの 機会をもつ	何でも言い合える関係を育てる	子どもたちを 組織する

引用文献

1 赤坂真二『アドラー心理学で変わる学級経営』明治図書，2019

2 松原達哉「学級崩壊の定義と実態を知る」松原達哉編『教職研修11月増刊 スクールカウンセリングの実践技術No.4 「学級崩壊」指導の手引き』教育開発研究所，2001，pp.4-13

3 大前暁政『必ず成功する！学級づくりスタートダッシュ』学陽書房，2010

4 野中信行・横藤正人『必ずクラスがまとまる教師の成功術！学級を安定させる縦糸・横糸の関係づくり』学陽書房，2011

5 向山洋一『学級を組織する法則』明治図書，1991

6 諸富祥彦『学校現場で使えるカウンセリング・テクニック 育てるカウンセリング編・11の法則』誠信書房，1999

7 吉川悟『システム論からみた学校臨床』金剛出版，1999

8 前掲1

9 三隅二不二「教育と産業におけるリーダーシップの構造—機能に関する研究」教育心理学年報4，1965，pp.83-106

10 木原孝博「教師のリーダーシップ類型と子ども」岡山大学教育学部研究集録（60），1982，pp.199-217，

11 前掲9

12 前掲9

13 三隅二不二『リーダーシップ行動の科学（改訂版）』有斐閣，1984

14 前掲10

15 前掲10

16 藤原正光・大木奈々子「PM式指導類型に対する児童と教師の認知−学級モラールと学級イメージとの関係から」文教大学教育学部紀要（42），2008，pp.59-67，

17 前掲16

18 前掲16

19 前掲16

20 前掲16

21 河村茂雄『授業づくりのゼロ段階 Q-U式授業づくり入門』図書文化，2010

22 前掲21

23 前掲21

24 ロナルド・A・ハイフェッツ，マーティ・リンスキー，アレクサンダー・グラショウ著，水上雅人訳『最難関のリーダーシップ 変革をやり遂げる意志とスキル』英治出版，2017

25 前掲24

26 前掲24

27 前掲24

28 D・カーネギー教会編，山本徳源訳『リーダーになるために』創元社，1995

29 前掲28

30 山口裕幸『チームワークの心理学　よりよい集団づくりを目指して』サイエンス社，2008

31 本間道子『集団行動の心理学　ダイナミックな社会関係のなかで』サイエンス社，2011

32 前掲28

33 前掲24

34 前掲24

35 前掲24

36 前掲24

37 宇田川元一『他者と働く－「わかりあえなさ」から始める組織論』ニューズピックス，2019

38 前掲37

39 マイケル・ダルワース，枝廣淳子訳『NQ　ネットワーク指数』東洋経済，2009

40 前掲39

41 前掲39

42 キム・ムゴン，久保直子『NQ　人間を幸福にする「思いやり」指数』ソフトバンクパブリッシング，2004

43 前掲42

44 ダニエル・ゴールマン 土屋京子訳『EQ　こころの知能指数』講談社，1996

45 前掲42

46 前掲39

47 前掲39

48 舘野泰一「1　リーダーシップとは何か」中原淳監修，高橋俊之・舘野泰一編著『リーダーシップ教育のフロンティア』北大路書房，2018，pp.37-54

49 高橋俊之「はじめに」中原淳監修，高橋俊之・舘野泰一編著『リーダーシップ教育のフロンティア』北大路書房，2018，pp.9-12

50 前掲48

51 諸富祥彦『学校現場で使えるカウンセリング・テクニック　上』誠信書房，1999

52 前掲51

53 野田俊作・萩昌子『クラスはよみがえる　学校教育に生かすアドラー心理学』創元社，1989

54 前掲53

55 前掲1

56 岸見一郎『アドラー心理学入門』KK ベストセラーズ，1999

57 前掲56

58 岩井俊憲『人生が大きく変わるアドラー心理学入門』かんき出版，2014

59 前掲1

60 前掲58

61 野田俊作「アドラー心理学の基本前提（2）全体論」『アドレリアン』第1巻第1号（通巻第1号），1984，pp.1-4

62 野田俊作「個人の主体性」『アドレリアン』第11巻第3号（通巻第25号）1998，pp.1-7

63 前掲62

64 前掲58

65 前掲58

66 G. J. マナスター・R. J. コルシーニ，高尾利数・前田憲一訳『現代アドラー心理学　下』春秋社，1995

67 R. ドライカース，宮野栄訳，野田俊作監訳『アドラー心理学の基礎』一光社，1996

68 前掲66

69 ルドルフ・ドライカース，ビッキ・ソルツ，早川麻百合訳『勇気づけて躾ける　子どもを自立させるための原理と方法』一光社，1993

70 前掲66

71 前掲67

72 D. ディンクメイヤー・G. D. マッケイ，柳平彬訳「子どもを伸ばす勇気づけセミナーSTEP ハンドブック」発心社，1982

73 前掲67

74 前掲72

75 前掲69

76 前掲69

77 前掲69

78 前掲69

79 前掲69

80 前掲69

81 前掲69

82 前掲69

83 前掲66

84 前掲67

85 前掲69

86 前掲69

87 前掲69

88 前掲67

89 前掲69

90 前掲69

91 前掲69

92 前掲69

93 前掲72

94 前掲67

95 前掲66

96 前掲69

97 前掲69

98 前掲69

99 前掲66

100 前掲69

101 前掲69

102 D.ディンクメイヤー・R.ドライカース，柳平彬訳『子どものやる気』創元社，1985

103 野田俊作『続アドラー心理学　トーキングセミナー』アニマ2001，1997

104 前掲103

105 ニクラス・ルーマン，大庭健・正村俊之訳『信頼』勁草書房，1990

106 前掲69

107 清宮普美代『「チーム脳」のつくり方　成果を上げつづけるリーダーの仕事術』WAVE出版，2009

108 前掲107

109 前掲69

学級崩壊に向き合う

介入　Intervention
～クラスに秩序を～

　荒れていない状態のクラスと荒れた状態のクラスにおける，荒れに対する向き合い方の一番大きな違いはなんでしょうか。前者にとって重要なのは，リスクマネジメントであり，それは事前に問題を回避し，それによる混乱を最小限に抑えることです。一方で，後者にとっては，リスクマネジメントも勿論大切ですが，実際に今そこに問題状況が起きているわけですから，その場合のクライシスマネジメント，つまり，荒れを想定し，それが起きたときに混乱を最小限に抑えるための策が必要です。クライシスマネジメントの一つとして，問題状況の改善目的に対して，集団や個あるいはその両方の相互作用に働きかけをします。ここでは，その働きかけを介入（Intervention）と呼ぶことにします。白松（2017）によれば，介入（Intervention）とは，「「排除」「暴力」「無秩序」の構造（状況）に対して積極的に，立ち入ること」であり，そこで重要なことは「「ダメなものはダメ」というバウンダリーワーク（境界線引き）」を行うことです[1]。

　学級集団づくり研究の立場から河村（2012）は，集団成立の必要条件として，ルールの確立とリレーションの確立を挙げています[2]。また，実践者の立場から横藤（2011）は，「崩壊に向かう学級は「枠組み」が弱い。集団の目的意識や規範意識が希薄で，子供たちが「こうだよ」「いや違うよ」と混乱している」と指摘します[3]。このように学級集団づくりにおいては，ルールを機能させることが重要課題です。

　しかし，当たり前のことですが，荒れたクラスは「これが，ルールです」

と示したからと言って，それを素直に尊重してくれるわけではありません。その言葉さえ届かないことがあります。荒れたクラスでのルール指導は，ルールが機能する条件を整えることから始めなくてはなりません。

出会いに感謝を伝える

🔑 キーワード：相互信頼

Episode 13 -

　初日は，気だるい，面倒くさそうな雰囲気の中で迎えられました。4年B組の昨年の様子から「歓迎される」とは思っていませんでしたが，自分が過去に出会った4年生とは様子が異なっていました。ただ，一応全員が着席はしていました。かつて担任した6年生（在籍34人）の初日は，着席していた子がクラスの2割程度だったので，それに比べたらいくらかマシだったかもしれません。荒れたクラスを担任して学んだことは，「計画通りにはいかない」ということでした。だから，自己紹介もさせてもらえないかもと思いました。着席はしていてくれたので，取りあえず自己紹介はさせてもらいました。

　私は，子どもたちの出会いに備えてある仕掛けをしていました。それは「くす箱」です。ダンボールで作った「くす玉」でした。くす箱を取り出して，教室の天井に設置しました。子どもたちは，くす箱には興味を示したようでした。
「この箱を割ると，中からメッセージが出てきます。どんな言葉が書いてあるでしょうか」
と問うと，ノリのいい子が数人いて，
「よろしくお願いします！」
「腹減った〜！」
「トイレ行きたい！」
といろいろな意見が出てきました。テキストだけ読むと，いい雰囲気のやり

とりに感じるかもしれませんが，まともな答えは，最初の子だけで，2人目からは，私を小馬鹿にしたりふざけたりする雰囲気の中で展開していました。普通の状態のクラスなら，期待に満ちたワクワクした雰囲気の中で，若干の緊張感と賑やかさが漂うところですが，そうはなりませんでした。そうしたやりとりに飽きを見せ始めた子が出たところで，くす箱の紐を引っ張り，箱を開けました。箱からは，紙吹雪と紙テープが渦巻きのように流れ出てくるとともに，模造紙製の1m50㎝くらいの長さの垂れ幕が落ちてきました。わあっという顔をした子は，数名いましたが多くの子は無表情に近い状態で，流れ出る紙テープを見つめていました。

　垂れ幕には「ありがとう」と書いておきました。子どもたちは「え～？」と小さな声をあげました。意外だったようです。カイ君は「なんでよ？」とすかさずツッコミを入れていました。そこで私は言いました。
「いろいろ考えたんだけどさ，一番の思いはこれだなって。みなさん，出会ってくれて，『ありがとう』。一年間よろしくお願いします」
　ツヨシ君は，興奮が抑えきれず，彼だけは床に落ちた紙テープを身体に巻

みなさんへの
尊敬と信頼を
一言で表したら
「これ」になるね
……
出会ってくれて

き付けてご満悦の表情をしていました。

解説 ● ✳ ● ✳ ●

　私は，アドラー心理学を学び始めてから，子どもとの出会いには「ありがとう」という言葉を贈るようになりました。若手教師の頃は，出会った子どもたちに「あんなことしてやろう」「こんなことしてやろう」という思いでいっぱいでした。それは，教師として当然と言えば当然なのかもしれませんが，一方で，それは子どもを「変えてやろう」という意識が強くなりぎて，子どもの現在を否定することにつながっているのではと考えるようになりました。あなたたちは間違っているから，私が正しく導いてあげますよ，という姿勢では，子どもたちと信頼を築くことは難しいです。例え子どもたちがどんな状態でも，いや荒れているからこそなおさら，相互信頼，相互尊敬の関係を築く必要があります。

　それは，登ろうとする山が高ければ高いほど必要となります。学級崩壊の克服は，険しい山を登るようなものです。互いへの強い尊敬がなければ確かな信頼ができません。それらがなかったら，共に協力して課題を克服することなどできません。しかし，教師が何もしなったら，子どもは教師を尊敬しないし，信頼もしません。相互尊敬と相互信頼は，教師がまず，子どもより早く，子どもより強く尊敬し，信頼することから始まります。

　その尊敬と信頼を示す，キーワードが「ありがとう」なのです。荒れたクラスは，通常の状態のクラスよりも指導事項がたくさんあります。適切な行動を増やして行けば，不適切な行動が消失していくというのも事実ではありますが，それは長期的な視点であり，明確な誤りにはブレーキをかけ，介入をしなくてはなりません。目の前に明白な人権侵害行為があるにもかかわらず，加害側の子のいいところを認めれば，「今」それをやめるかと言ったらそうしたことは起こりません。指導がそのまま入らないことが，改善の難しさの由来です。「ありがとう」は，問題状況に介入し，これから目の前の子

どもたちと共に歩む，学級担任の決意の表明と言っていいかもしれません。

　なお，「くす箱」を使うのは，教師の話すことに興味をもってもらうためです。介入は，教師の話や教師そのものに興味をもってもらうことから始まります。

② 気持ちの伝え方を教える

> 🔑 キーワード：＊勝負しない　＊目標を理解する　＊反応せず，行動する
> 　　　　　　　＊穏やかに動じない

　【エピソード１】で，子どもたちからブーイングを浴びた出会いの次の日の話です。

🍀 Episode 14 -

　清掃の指示をしたら，一斉ブーイングを浴び，「先生の顔，うぜーし」と言われた次の日，この日も，朝から「え～」と言われること数回。何度目かの「え～」の後で言いました。
「みんな，『え～』って言葉が好きだね。じゃあさ，思い切り言ってごらんよ，サン，ハイ！」
と言うと，嬉しそうに数人が「え～！」と言いました。真面目な子が心配そうな表情でこちらを見ていたので，
「もっと言っていいよ，さ，思い切り，せ～の！」
　声は更に大きくなり，「え～～～！」と返ってきました。そこで，
「たっぷりと『え～』って言ったね。ハイ，それじゃあ，今から『え～』は，禁止します」
　ここでまた，「え～」って聞こえたので，互いに顔を見合わせてちょっと笑いました。
「何かやろうと自分が言ったときに，『え～』って言われてごらんよ，どんな気分がする？　嫌でしょ？　『え～』って言葉は，人が何かをやろうって気

持ちを奪うんだよ。自分が成長するためには，やる気が大切だよ。やる気をなくす言葉は，この教室では言わないでほしいな。教室って，みんなが成長する場だからね。

でもさ，やりたくないときはあるよね。先生の言ったことだって，やりたくないな〜って思うこと，あるよね。だから，そんなときは『先生，〇〇だから，嫌です。〇〇だから困ります』って言ってもらえると嬉しいな。先生も人間だから，何か言う度に『え〜』って言われると心が折れちゃうからさ。ただ，みんなが，気持ちを伝えてくれたら，先生は一生懸命聞きますからね」

子どもたちは意外なほどと言っては失礼ですが，真面目な表情で聞いていました。

- -

解説 ● ✻ ● ✻ ●

若いときは子どもたちに「え〜」と言われると，ムッとしました。それは，きっと子どもたちが言うことを聞いてくれなくなることが恐かったのだと思います。恐怖に動じて，ムッとする，つまり感情的になるという反応を示してたのだと思います。

そもそも子どもたちは，なぜ，「え〜」と言うのでしょうか。それは，当該の子どもたちが「誤った目標」をもつ状態になっていて，その目標が「関心を引く」ことになっているからだと考えられます。どういう経緯かわかりませんが，「え〜」と言って，教師の言うことを否定した方が，より多くの過剰的な注目を得られることを学んだからでしょう。教師が「おはよう」と挨拶しても，「うざ」「キモ」と言ったりする子と同じ心理です。

それに対する対応は「好ましくない言動を無視する（反応しない）」で，「建設的な言動」をしたときに関心を示すことです。しかし，図3-1をご覧ください。「子どもの誤った目標」論から想定される，子どもが不適切な行動をするパターンは次の5つが考えられます。子どもたちの「え〜」と言う

行動を，5の「不適切な行動に対する負の注目」例えば，教師が「え〜」と言ったときに，叱ったり，困った顔をしたりするということから学んだとしても，「より適切な行動を知らない」という2の場合も絡んでいるかもしれません。そのような場合には，より適切な行動を教えることが必要です。そこで，適切な行動パターンを教えます。そして，教えた以上は，教えっぱなしにしてはならず，子どもが再び「え〜」と言っても，叱ったりムッとしたり，悲しい顔をしたりすること（反応）をせず，必ず適切な行動が表出されたら，つまり，「え〜」と言わなかったら，それを認めたり喜びを示したり（行動）して，強化をしていくことが必須です。

　教師が子どもを言いなりにしようとしているときは，それは大体，教師が子どもと力比べをしようとしているときです。教師が子どもたちを力尽くでなんとかしようとすれば，子どもはそれに抵抗しようとするかもしれないし，言いなりになろうとするかもしれません。いずれも子どもたちの不適切な行動のスイッチを押してしまうことになりかねません。教師が勝負すべきは，子どもではありません。勝負するべきは，子どもの行動に反応してしまいそうになる自分です。

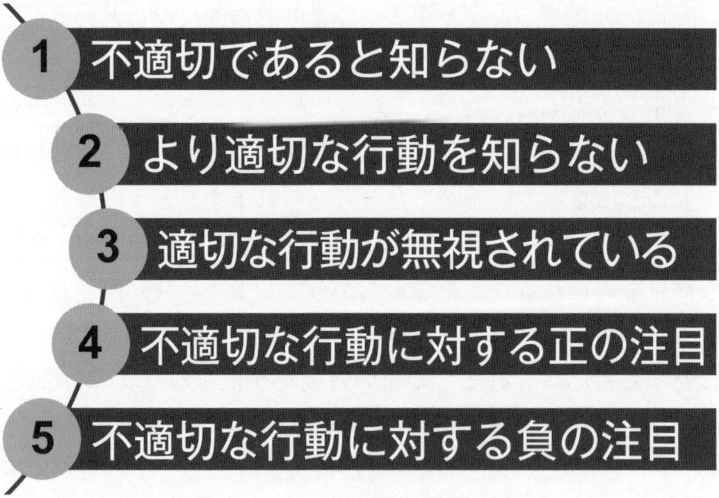

1 不適切であると知らない

2 より適切な行動を知らない

3 適切な行動が無視されている

4 不適切な行動に対する正の注目

5 不適切な行動に対する負の注目

図3-1　不適切な行動をするパターン

③ 努力の仕方を教える

キーワード：＊人格と行為を分ける　＊反応せず，行動する　＊穏やかに動じない

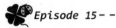

Episode 15

「え〜！」という露骨な拒否反応は，随分少なくなってきました。

ある日の社会科の時間，「このイラストを見て，気づいたこと，思ったこと，感じたことをノートに３つ書いて，もっておいで」と指示しました。すると，すかさず「え〜，３つも〜？」という反応がありました。

そうした反応をした子どもたちと視線を合わせて，ニッコリ笑って言いました。

「みなさん，勉強ができるようになりたいですか？　なりたい人は手を挙げてください」

そう言うと，子どもたちは一瞬キョトンとしましたが，次の瞬間には全員が手を挙げていました。それを受けて，

「そうですか。全員が，勉強ができるようになりたいのですね。それでは，勉強ができるようになるための３条件を教えましょう。

１つめは『素直であること』です。一流のスポーツ選手を育てた人たちが口を揃えて言うことは，『伸びる人は素直』だということです。やるべきことをきちんとやることが伸びる条件です。

それで，きちんと，ということはどういうことでしょうか。それが２つめの条件。『丁寧にやる』ということです。物事はいい加減にやったら上達しないんです。やるべきことを丁寧にやることが条件の２つ目です。

でも，この２つだけではダメです。『繰り返しやる』ことが必要です。繰り返しやることも誰しも嫌です。嫌なことは大変なことです。でも，大変なことだからこそ，やったら伸びるということです。

３つと言われたら３つ。３つ以上と言われたら，自分の力の限り，３つ以

上考えます。この３つの条件をやれば必ず勉強ができるようになるから，やってごらん」

　先程まで，ザワザワしていた教室がシーンとし，鉛筆を動かす音とノートをめくる音しか聞こえない数分間が流れました。

- -

解説　● ✳ ● ✳ ●

　ディンクメイヤーとドライカース（柳平訳，1985）は，「「子どもというものは，こういう人になるように」というように，お手本を示して勇気づけられると，その手本通りに成長していくものです」と言います[4]。

　子どもたちに勉強しなさい，努力しなさいといくら言っても，勉強の仕方，努力の仕方がわからなければ，それをしようとは思わないことでしょう。

　先ほどの「子どもが不適切な行動をする５つのパターン」に，「より適切な行動を知らない」というものがあります。もし，子どもたちが，勉強の仕方や努力の仕方を知らないのであれば，やろうとしないことを叱るよりも，適切な取り組み方を教えればいいのです。

　この場合「え〜，３つも〜？」という子どもの抵抗に対して，注意したり，ムッとしたりして感情的に反応するのではなく，より適切な行動を助言するという行動をします。ほんの数日で，子どもたちが慣れ親しんだ行動パターンは，そうやすやすと変わりません。「え〜」と言われても動じないで，穏やかに行動します。

　こうした指導を支えているのが，子どもの誤りを少なくし，行為と人格を分けるという考え方です。子どもたちは，やりたくないのではなく，本当はやりたい，しかし，やり方がわからないから抵抗をしたと捉えます。子どもの人格を信じ，行動の修正を意図したわけです。事実，子どもたちは，勉強ができるようになりたいと自分たちの願いを明らかにしました。そこで，その願いを達成する方法を示したことで子どもたちは，先ほどとは行動を変えたのだと思われます。

④ ルールなき生活にルールをつくる

キーワード： ＊結末から学ぶ　＊場面を見極める
＊取り組みを見守り勇気づける　＊自立のための時間を確保する

 Episode 16 -

　給食中は大騒ぎです。「喧騒の中で食べている」といった状態でした。「楽しく食べる」＝「騒ぎながら食べる」と勘違いしている子もいるようでした。勿論，お行儀よく食べている子もいますが，その子たちは慣れているのか涼しい顔で食べています。

　これが果たしていつまで続くのか興味深く見ていましたが，給食が始まって１ヶ月が経とうとしても，収まる様子がありませんでした。おしゃべりに夢中になる余り，給食の残量が増えてきたので，これはマズいと思いました。食べることをいい加減にすることは，生きることをいい加減にすることだと考えていたからです。後ろを向いたり，片膝を立てたりして，しゃべるだけしゃべって，時間がきたら食べ物を残す。これではいけないと思い，少し言うことにしました。

「君たち，ちょっといいですか？」

　食べるのを中断してもらいました。

「今，食事中ですよね。食べることを優先してくれませんか。しゃべることに忙しくてそのまま給食を残すようならば，それは問題ですよ。もし，君たちがこのままお話を続けて，お残しをするのであれば，おしゃべりを禁止しなくてはなりません。でも，ちゃんと食べるなら小声で話していいことにしましょう。どちらがいいですか？」

　子どもたちは，すかさず後者を選びました。そこで，「給食中，話をするなら小声で話そう」というクラスのルールができました。

　それから数日。相変わらず給食中は賑やかでした。しかし，片膝を立てる子や大声で怒鳴りながらしゃべる子はいなくなりました。ちょっと声が大き

くなってくると，「ルールを思い出しましょう」と声がかかるようになりました。食べ方が落ち着いてきたせいか，お残しの量も減り，時間内に食べられる子が増えてきました。

　子どもたちにもう一つ，口うるさく言っていたのは，清掃でした。
「清掃ができないようじゃ，一人前じゃないよ」

　そんなあるとき，清掃中にふざけて，清掃場所の担当の教師に注意をされ，5時間目に遅れてきそうになるということがありました。該当の子どもたちに事情を聞くと「ふざけて遊んでしまった」とのこと。その顔には，「悪いことをしました」と書いてあるように見えました。以前から「給食と清掃」は，きちんとやろうと言ってあったので，余計なお説教はいらないと思い，次のように言いました。
「わかりました。どうやったら責任が取れるか考えてごらん。放課後までにこのメンバーで話し合って，責任の取り方を考えてごらん」

　彼らは叱られると思っていたようで，そう伝えると，キョトンとした表情をしました。5時間目が終わると，メンバーが集まって教室の隅で何やら話し合っていました。話し合いが終わると，私のところにきて言いました。
「先生，決めたよ」
と，子どもたち。「うん，うん，どうするんだい？」と尋ねると，
「放課後残って掃除する」
と言いました。「そして？」と続けて尋ねました。
「今度からちゃんとやります」
と言うので，「みんながそう思っているのかい？」と更に尋ねました。

　そこで，メンバー全員が頷きました。
「そっか，反省しているって口では簡単に言えるけど，態度や行動で表すって，難しいことだけどすてきなことだね。先生もそれがいいと思うな。じゃ，がんばってね」
と言いました。放課後メンバーは，
「先生，じゃ，行ってくるね」

と明るく手を振って清掃場所に出かけました。放課後，グラウンドで運動会の応援団指導をしていた私の所にメンバーがやってきて，

「先生，終わりました」

と笑顔を浮かべました。「どんな気分？」と聞くと，

「イイ！」

と元気に答えました。溌剌とした姿に向かって思わず「ステキな報告，ありがとう！」と言いました。

　次の日，「今日の掃除はどうだった？」と聞くと，誇らしげに

「バッチリ!!」

と答えました。

どうやったら、責任が取れるか考えてごらん

放課後までに、このメンバーで話し合って、責任の取り方を、考えてみて

今から、やり直す？

これから授業だからそれはまずいよ

じゃあさ、放課後は？

え〜、塾あるしな

時間ずらせば、いいじゃん

　教育学者の森（寺田編，2005）は，「かかる荒廃の唯中にあって，その債権のためわれわれは，一体何から着手すべきでしょうか」と述べ，「建設三大原則」として

①時を守り
②場を清め
③礼を正す

と言いました[5]。

　森のこの言葉は，「職場再建の3原則」などと呼ばれ，自己啓発や組織マネジメントでしばしば引用されているので，耳にしたことがある方も多いことでしょう。

　これらが意味することは「相手意識」の向上であろうと思われます。時間を守ることは，相手に無駄な時間を過ごさせないための配慮であり，清掃をすることは，公共の場を大切にすることであり，礼儀をわきまえることは，相手に敬意を示し，心を開いてつながることです。栄える組織は，こうした他者を思いやる行動の量が多く，その質も高く，廃れる組織はその逆ということではないでしょうか。

　4年B組は，3つともがうまくできていませんでした。時間になっても授業が始まらない，授業時間に断りもなくトイレに行く，給食準備に時間がかかり，食べ方も前述したような状態でした。「いただきます」も「ごちそうさま」も時間通りに行われず，結果的に休憩時間が短くなり，子どもの生活はストレスフルになり，遊び足りない子どもたちがその後の清掃時間に遊んでしまうという悪循環が起こっていました。悪口や暴言は当たり前に聞こえていましたが，それは極めて表面的なことで，水面下で，こうした他者を軽んじる振る舞いが頻発していた状態だったのだと思います。

ここでは，そうした相手意識の育成を，給食と清掃の場面にフォーカスして取りあげています。学級崩壊しているクラスにおいては，ルールによって様々な側面を整えて行く必要がありますが，「職場再建の３原則」に象徴されるように，「相手意識」を高めるためのルールは，優先順位を高めて設定する必要があります。

　問題は，その設定の仕方です。「守らされるルール」は子どもの人生を創ることに寄与しません。きっと環境が変わったら，教師が変わったら実践されなくなるでしょう。ルールそのものもそうですが，ルールを設定し，定着させるプロセスそのものも子どもたちの貴重な学びです。私は，後者の方がむしろ大事だと考えています。ルールの設定方法に関して，アドラー心理学は重要な示唆を与えてくれます。

　まず，給食ですが，やりとりを見ると大体おわかりかと思いますが，論理的結末の方法が意識されています。教師は，おしゃべりをしないで食べて欲しいと思っているところもありますが，「静かに食べなさい」と注意したら，しゃべらせたくない教師としゃべりたい子どもたちの対立，及び言うことを聞かせたい教師，聞きたくない子どもという競争関係になる可能性があります。そうなるとどっちが勝っても，いいことにはなりません。

　そこで，「時間を守れないならおしゃべりをしない」か「しゃべるなら時間を守る」かを選択してもらいます。子どもたちは，後者を選びました。ここで教師が怒りという感情を使うと，論理的結末のやりとりは「脅し」となる可能性があります。ここで教師がコントロールしなくてはならないのは，感情ともう一つ，意図です。感情はある程度コントロールできても，自分の意図を客観的に見つめるのは難しいです。教師には，もう少し静かに食べてほしい，そして，時間を守ってほしいという，子どもにこうなってほしいという願望があります。そこに言うことを聞かせたいという願望が強く出ると，この行為が支配につながります。食事という営みに敬意を払い，時間を守って生活をすることが子どもたちの人生にとって利するのだという理性的な判断が，教師の行為の根底にある必要があります。

何だか「きれいごと」に読めるかもしれませんが，けっこう本気で言っています。アドラー心理学を意識して実践するようになってから，子どもたちが言うことを聞くようになり，最初は正直嬉しかったです。しかし，あるとき，自分の強い支配欲に気づき，心底落ち込みました。現場は，出たところ勝負の所や咄嗟の判断が求められますから，いちいち，これは支配なのかどうかなんて考えている暇はないことでしょう。しかし，その行為，判断の後，振り返り，咄嗟の判断が支配にならないように自分自身を訓練することが大事なのです。

　また，ここまでの子どもたちの姿をお読みになり，なんだ，みんな素直じゃないか？　こんなの崩壊じゃないじゃないかと思われるかもしれませんが，それは，そうなるように日々，子どもたちに接しているからです。その断片は，後ほどの対応を見ればご理解いただける部分もあろうかと思います。第2章で述べましたが，子どもの姿は，教師の指導行動のあり方の反映です。鏡のようなものです。バカにすればバカに仕返す，尊敬すれば尊敬仕返す，強く当たれば強く当たり返す，あたたかく接すればあたたかく接し返す，そういう構造なのです。

落ち着いた雰囲気を支えているのは

時間を守ること　　整理整頓　　親しき仲にも礼儀あり

クラスでは，日々，いろいろなことが同時進行で起こっています。学級崩壊しているクラスでは，ネガティブなことが日々複数起こります。この事例のように，子どもたちのステキな行動が見られた日にだって，ツヨシ君は暴れて物を壊して脱走し，カイ君は怒鳴りまくって誰かを泣かし，ジョージ君は遅刻して登校し，キョーコさんは誰かに排斥されていました。

　話を元に戻しますが，4年B組の子は叱ったら，反発します。叱っても彼らに効果はありません。清掃の指導の場合は，子どもたちに解決策を考えてもらいました。叱っても，清掃をしないと先生に叱られるということしか学びません。それよりも，失敗したときに回復方法を知った方が，余程彼らの人生に利するでしょう。授業で説明中に私語をしていた子どもたちには，そのときはスルーをして，後できて貰い，こう言います。
「さっきは，先生，とっても授業しにくかったんだよね。ちょっと協力してくれないかな？　授業中に2人でおしゃべりしないような作戦を考えてくれない？　先生，ほら，授業進めなくちゃいけないし，2人もさ，注意されたら面白くないでしょ」

　この後がとても大事です。子どもたちが，作戦を実行して問題を改善したら，心から喜びを表明します。
「あ〜，ありがとう。すっごく授業し易かった」

　清掃の場合でも，改善したその日だけでなく，その後も，様子を尋ね，上手くいっていたら，喜びます。こうした場合の勇気づけは，シンプルに喜べばいいと思います。感情は子どもが失敗したときに使うのではなく，子どもが成功したときに使った方が効果的です。学級崩壊していたクラスは，日々，子どもたちが学ぶチャンスに溢れているとも捉えることができます。自立のためのトレーニングの機会の宝庫と言えるかもしれません。学級崩壊のクラスを担任する醍醐味は，子どもを「育てる」という教師として最高の喜びを感じることができることと言ってもいいでしょう。その喜びは，トラブルばかりを見ていると，巨大な徒労感に包まれるリスクと背中合わせではあります。

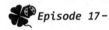

⑤ 結末を体験する

🔑キーワード：＊結末から学ぶ　＊反応せず，行動する　＊恐怖を感じても動じない

【エピソード5】，騒乱状態の朝学習の続きです。

🍀Episode 17 -

　カイ君が，すかさず

「はあ，しゃべってねーし，うるせーのはお前らだし！」

と吐き捨てるように言いました。それに対して，

「どうして，そういうこと言うの！」

と，注意した側の子が言い返しました。カイ君の感情が爆発しそうだったので，「はい，はい，言い合いはそこまでね」と割って入りました。

　「けっこうこういうことあるの？」と聞くと，前の席の子が「去年は，一回も朝読書したことがなかった」と言いました。「そうなの？」と他の子に尋ねると，何人かが頷きました。

　私は子どもたちに問いかけました。

「で，これからも，こういう朝読書をしていくの？」

と尋ねると，何人かの子が手を挙げ，

「きちんと読書したい」

と言いました。そこで，カイ君がその声を打ち消すかのように大きな声で言いました。

「はあ，静かにするのやだし！」

　私は，カイ君に聞きました「どうして？」

「なんか静かだと不気味だし！」

　「なるほどね，そういうこともあるかもね」と言った後，次のような話をしました。

「隣のＡ組さんを先ほど覗きましたが，集中して読書をしていました。15分

の朝学習が週に2回，つまり30分ですね。1ヶ月で，何分の読書かな。1ヶ月，4週間として，30分×4回で120分だね。1ヶ月120分で，夏休みを抜いて，1年が11ヶ月，すると120分×11で1,320分ですね。これから，1,300分以上の読書をするA組さんと，このまま読書ができない，つまり0分のB組さんが，5年生で一緒に勉強することになりますね。ちょっと待ってください。先ほどの話だと去年も朝読書をしていなかったと言いますね。すると，読書時間においては，1,320分×2年分，2,640分の読書量の差ができますね」

　黒板に以下のような式を書きました。

15分×2回＝30分

30分×4回＝120分

120分×11ヶ月＝1,320分

1,320分×2年＝2,640分

　子どもたちは，じっと黒板を見つめていました。

　そこで，「カイ君と同じように思う人はどれくらいいますか？」と尋ねると，誰もいませんでした。「静かに読書したい人は？」というと，カイ君以外全員が手を挙げました。

「ねえ，カイ君。静かだと不気味だって言うのはなんとなくわかるよ。だって，今まで，あんまりそういう時間なかったって話だったもんね。ただ，これだけ多くの人が静かに読書したいって言うからさ，朝読書が静かにできるように協力してくれないかな？」

と言いました。カイ君は，そっぽを向いていましたが，否定はしなかったので，「ありがとね」と言いました。

　続けて，尋ねました。

「では，みなさん，朝学習で静かに読書をするためにはどうしたらいいですか」

　すると，子どもたちは「静かにする」「集中して，読書する」「しゃべらないで読書する」などと言いましたが「それって，結局『朝読書の時間は，静かに朝読書をする』ってことじゃん」という意見が出て，ほとんどの子が納

得しました。

　「じゃあ，当たり前みたいだけど『朝読書の時間は，静かに朝読書をする』ってことでいいですか」と確認しました。子どもたちは頷きました。「読書に関して，もう一つルールがあったよね」と尋ねると，「指示がないときは読書をして先生を待つ」と，何人かがつぶやきました。このルールは，4月の早い段階で，子どもたちに伝えて，教室に掲示してありました。1年B組の実態を考慮し，やるべきことが不明確な時間にトラブルが起きることを予想して，伝えておいたものです。騒乱の朝読書の後，「朝読書の時間は，静かに朝読書をする」「指示がないときは読書をして先生を待つ」この2つのルールの存在を確認しました。

「じゃあ，ルールを守ったらどうなるのかな？　ちょっとルール守った状態をやってみようよ。じゃあ，まず『30秒読書』だよ。少しでも話し声がしたら，やり直しね」

と笑うと子どもたちは「楽勝じゃん」と言っていました。しかし，「ヨーイ，スタート！」と声をかけると，10秒もしないうちに誰かがしゃべりました。

「アウト〜，やり直しね」といたずらっぽく言いました。続けて「ハイ，もう一回ね。じゃあ，30秒行くよ」と言うと「先生，1分でいいよ」と声がかかりました。「大丈夫かい？」と言うと「馬鹿にしないでよ！」との声があったので，1分にしました。子どもたちは，見事，合格しました。次に3分も合格したので「じゃあ，今度は大丈夫だね」と言って1時間目に入りました。

　さて，それから数日，その日は迫ってきた運動会の打ち合わせがあり，職員朝会が少し長引きました。4年B組では，8：30になったら教師がいてもいなくても朝の会をすることにしていました。できるだけ速やかに授業に入るために，朝の会は極めてシンプルにしてあります。5分程度で終わります。その日，私が教室に到着したのは，8：40頃でした。朝の会が8：35頃に終わったとして数分の隙間の時間ができるだけです。しかし，4年B組が騒動を起こすには十分過ぎる時間でした。

　私は騒動の後始末を覚悟しながら，教室の戸を開けました。すると，そこにいたのは，シーンと読書をする4年B組でした。私は，つい「み，みんなあ，すばらしいじゃないかあ〜」と声を上げました。すると，数人が私をチラリと目をやり，唇に人差し指を起きました。「静かに」という意味です。また，別な子は，壁に掲示したルール「指示がないときは読書をして先生を待つ」を指さしました。

- -

解説　● ✳ ● ✳ ●

　アドラー心理学の概説書を示したチュウ（岡野訳，2004）は，効果的な結末の体験として，以下の4つのステップを挙げています[6]。

①注意の喚起。規則を繰り返して，子どもにこれは注意だと告げる。
②警告。脅かしではなく，行動が規則に違反していることの断固とした警告。

③行動を改善するための行動プランを書き出させ，問題を改善する責任を
　子どもに持たせる。
④行動の練習。継続中の問題への新しい代替案のロール・プレイをすると，
　やり方を知らない子の助けになる。

アレックス・L・チュウ（岡野訳，2004）より

　この実践は，チュウの流れを意識して，結末から学ぶ体験をしてもらった
ものです。状況と子どもたちとのやり取りであちこち修正を加えていますが，
ほぼこの流れです。４年Ｂ組は，問題の発生の仕方が，やや派手なところが
あり，ときどき驚かされます。そんなときに怒りや恐れを感じることがあり
ますが，それに教師が反応してしまうと感情的になってしまい，子どもたち
の誤った目標である，「注目を得る」「力比べ」をするというステージに乗っ
てしまうことになります。子どもたちの「誤った目標」の達成を叶えること
に手を貸すことになります。

　そうしたときは，反応せず行動します。今回の行動は，結末を体験させる
という行動です。まず，状況を確認して，ルールに違反している状況である
ことを知らせます。次に警告ですが，私がとった方法は，警告というよりも，
「これを続けていると困ったことが起こりますよ。しかも，困るのは先生で
はなく，あなたたちですよ」という論理的に導き出される事実に関する情報
提供をしました。そして，次に，どういう行動を取ればいいかという，行動
プランを挙げて貰いました。結果的には，それは既存のルールを確認するこ
とになりました。子どもたちがルールを作ることも効果的ですが，既存のル
ールを再定義することも有効です。目標やルールは誰が決めたかよりも，そ
れが適用されるメンバーが納得することが大事です。

　多くの教室でもっとも足りないのが，最後のステップではないでしょうか。
教師は，注意喚起をし，ルールを確認したり設定したり，作らせたりします
が，それを守る練習をしていません。ルールを決めるだけでは，不親切な指
導と言えるかもしれません。モデリングやリハーサルが必要なのです。

6 責めること・罰することの無意味さを教える

キーワード：＊自立のための時間を確保する　＊何でも言い合える関係を育てる　＊目標を理解する

Episode 18 -

　4年B組の係活動は，会社活動と呼ばれる方法で運営されています。次のようなルールで動いています。

①みんなの役に立つこと，みんなが楽しめること，みんなが喜ぶことなら何をしてもよい。ただし，学校のきまりの範囲内に限る。
②一人がいくつ仕事をしてもよい。
③会社を立ち上げるときは，朝の会，帰りの会でメンバーを募集する。
④会社に入るとき（入社），辞めるとき（退社）も，朝の会，帰りの会で連絡する。
⑤ポスター（会社名，会社のめあて，仕事内容，メンバー明記）を掲示したら仕事開始。

　4年B組の朝の会はとても賑やかです。
「私は，○○会社を辞めて○○会社に入ります。理由は～だからです」
「私は，○○会社を作りました。一緒にやりたい人はいませんか」
等の発言が，続きます。時には，
「今，クイズをやってもいいですか？」
と，短い活動が行われる場合もあます。週に一度，水曜の朝活動の係り活動タイムでは，「読み聞かせ会社」が本を読み聞かせたり，「IQサプリ会社」がクイズを出したりします。少し前は，「マジック会社」が手品をしていました。また，「劇爆笑」というお笑いの会社が漫才やコントを見せることもあります。B組の会社は，そういうエンターテインメント系だけでなく配布

物を配る「配りセンター」や体育の準備運動をする会社もあります。

　そんなある日のことです。朝の会で一つの提案があり，クラスが真っ二つに分かれる大論争が起こりました。

「たくさん会社があるけれど，1ヶ月に一度アンケートをとり，人気のない会社や活動していない会社は倒産させた方がいいと思います」

　この意見が出されると拍手が起こる一方で，「え？」という顔をする子どもたちもいました。賛成派は言います。

「活動していない会社を残していても意味がありません」

「会社が増えるばっかりで，どれをがんばっていいかわかりません」

　それらの意見に対して，猛烈に異議を唱える反対派もいました。

「そんなことしたら，自分の係がなくなって困ります」

「会社を作った人たちは，やりたくてやっているのに，アンケートで係が潰れてしまうのはかわいそうだと思います」

　意見は両派から出てきて尽きることがありません。1時間目が始まってし

まいそうでしたが，丁度この日，学活の時間がありましたので，そこで続きの話し合いをすることにしました。

　学活の時間は両派それぞれ熱のこもった意見の応酬が繰り広げられましたが，決定打となる意見が出ずに，時間がきたので多数決をとりました。その結果，賛成が過半数で「1ヶ月ごとにアンケートをとり，活動していないと思われる会社はなくなる」ということに決定しました。

　私はその決定を受けて次のような話をしました。まず，確認です。
「みなさんに聞きます。これは，活動していない会社を懲らしめるためのものですか？　それとも，がんばれと励ますためのものですか？」

　すると，「励ますため」だと全員が答えました。そこで，もう一つ確認をしました。
「まだ，反対派の人もいますよね。この決まりはよくない，と思ったら，この決まりを変更する，なくすなどのことを提案してください」
と言うと，反対派を中心に「ハイ！」と返事がありました。この後，アンケートを作成する子を数名決めて，この日の話し合いは終わりました。

　さて，数日後の昼休み，数名の子どもたちが何やらもめています。「何があったの」と聞くと，「私たちの会社，潰してやると言われた……」と不満そうに答えました。他にも，同様に言う子がいたので，「帰りの会で，どういう気持ちで言ったのか確かめてごらん。悪意があったのか，誤解があったのか，そういうことは直接聞くのが，解決の近道でしょ」と助言しました。

　そして，帰りの会，昼休みの話が出されると，アンケート賛成派，それも提案者の子が，すかさず言いました。
「そんなつもりでルールを提案したんじゃないのに，それだったら，そんな決まりはない方がいいと思う」

　しかし，問題の発言者に真意を問うと，次のような答えでした。
「似たような会社があったので，一つにまとまるといいなと思ったんです」

　ちょっとした緊張感が漂った帰りの会でしたが，その話を聞いて，一同，ひと安心の表情を浮かべました。しかし，この一件で，子どもたちの会社活

動に対する意識が変わったようです。クイズを出す係の問いに真面目に答えようとする子が増えました。マジックをする係の出し物の量も質も上がりました。注目すべきは観客の態度でした。稚拙な出し物でも一生懸命見ようとする姿が以前よりも確実に増えました。

解説 ● ✳ ● ✳ ●

　このエピソードはいくつかの重要なポイントがあります。まずは，会社活動です。

　通常見られる係活動よりも，会社活動は自由度が高い活動だと思われます。係活動は，主に，

　　①仕事内容　②活動時間・場所　③メンバー
　　④活動期間　⑤活動数

で構成されます。

　小学校において通常よく見られる係活動は，必要な仕事，やりたい仕事を挙げて，それを希望する子が選択してメンバーが決まり，一人が一つの係を担当します。活動期間は大体，３学期制においては，学期毎ということになります。そうすると，子どもに選択権があるのは，仕事内容，メンバーくらいです。しかし，会社方式では，仕事内容，メンバー，活動期間，活動数の決定権は，子どもにあります。活動時間と場所においても，教師の許可があればそれほど制約は受けないはずです。

　学級崩壊のクラスに，そんな自由度の高い活動をさせて大丈夫かと思う方もいるかもしれませんが，私の発想は逆です。クラスが荒れているほど，教室を魅力的にしなくてはいけません。お決まりの仕事をさせられるほど，モチベーションが下がることはありません。自由度の高い活動をすると，子どもたちがいろいろな自分たちの「裏文化」をもち込もうとします。カードゲ

ームが好きな子は，学校のルールで許可されていれば，もち込むことでしょう。しかし，禁止されていたならば，自分たちで作るという選択をすることができます。教室が魅力的になれば，子どもたちは学校が好きになります。ルールを破ったら活動が制限されることがわかっていれば，子どもたちは自らルールを守るようになるでしょう。

　ただし，学級崩壊しているクラスの場合は，いきなり自由度の高い活動を許可してはいけません。給食のルールや朝学習のエピソードで伝えたように，自由度の高さとルールを遵守する体験はセットです。ルールを守ると生活が楽しくなるという認識が共有されて初めて，自由度の高い活動は機能します。

　次に，子どもたちがもつ「罰志向」の問題です。4年B組は，何か問題があると，直ぐに当事者を責めようとします。非難と言ってもいいかもしれません。そして，問題を話し合うと，その解決策としてペナルティを科そうとしていました。朝学習で騒いだら，反省文，掃除をさぼったら，反省文，とにかく反省文を書かせようとしました。

　あまりにも反省文，反省文と言うので，子どもたちに尋ねたことがあります。
「みんな反省文を書いて，よくなったの？」
　答えは，「……」でした。そこで，言いました。
「それ，やっても効果ないんだったら，止めたら？　書かせる方も，書く方もいい気分にはならないでしょ」
　それで，表面的に反省文を書かせるという意見は出なくなりました。しかし，子どもたちの間に根付いた，問題には罰を与えるという姿勢は簡単には消えませんでした。4年B組だけでなく，クラスを新しく担任すると，褒美と罰でしつけられた子どもたちに数多く出会いました。学校でも家庭でも責めたり，罰したりするしつけの方法で，教育や子育てが為されていたのだろうと推察します。

　今回の問題も，活動していない係＝悪者，悪者は，責めてよい罰してもよいという子どもたちの価値観が窺えます。特に荒れたクラスの子どもたちは，

数多く注意され，数多く叱られています。そうやって，いけないことをしたら，注意して叱って痛めつけることで，人はよくなると信じ込まされているわけです。こういう価値観をもっている子どもたちは，トラブルが起きると相手を責めて，罰しようとします。いじめが，よい例だと思います。少し変わっているヤツ＝悪者，協力しないヤツ＝悪者，空気読めないヤツ＝悪者というように，異質なものを悪者に仕立てて，責めたり罰したりするわけです。子どもたちのそうした意識に注意を促すために，ルールは「人を懲らしめるためのものではない」ことを確認しました。

表3-1　係活動の「自由度」の違い

一般的な係活動		係活動の構成要素		会社活動	
1	集団決定	1	仕事内容	1	子どもの選択
2	子どもの選択	2	活動時間・場所	2	子どもの選択
3	子どもの選択	3	メンバー	3	子どもの選択
4	1学期間	4	活動期間	4	自由
5	1人1活動	5	活動数	5	自由

・一般的な係活動は，集団決定を通して活動が決められ，子どもは，そのうちの一つの活動を選び，一定期間活動する。ダイナミックな活動が起こりにくいが，活動の停滞やトラブルは少ない。
・会社活動は，活動の全ての要素が子どもの自己決定に委ねられる。自由度の高い分，ダイナミックな活動が生まれるが，活動が停滞したり，トラブルが起こったりすることがある。

　責めても罰しても問題は解決しないという価値観が定着するには時間がかかります。子どもたちが適切な生き方を身につけて行くためには，こうした場面を成長の機会と捉えて，価値を伝えたり，考えさせたりして，育てるという構えをもつべきです。
　3つ目は，問題を表面化することです。問題解決のためには，「あけすけ」なコミュニケーションが必要です。「言いにくいこと」を闇に葬らないことです。違和感をもったら伝えてみる，そうした風通しのいいコミュニケーションをすることで，クラスの雰囲気がよくなっていくことでしょう。今回は，似たような活動をしている会社を，最初は本当に「潰してやる」と思ってい

たのかもしれません。しかし，気持ちの何割かでは，「一つにまとまるといい」と思っていたのでしょう。子どもたちの言動には，適切な側面と不適切な面があり，どちらも本音で，どちらかに割り切れないときもあるかと思います。そうしたときに，不適切な面ばかりに光を当ててしまうと，一方的な見方を事実にしてしまう可能性があります。

　いくら「あけすけ」だと言っても，ネガティブなことばかりに注目するのは考えものです。ネガティブなこと以上に，ポジティブなことをも公にしていくことを忘れてはいけません。むしろ，クラスの状態がしんどいときにこそ，明るい材料（適切な行為，適切な発言）を見つけて，教師があからさまにしてく努力が必要です。

何で，何度も言わせるわけ？

責める

もう、あそんであげない！

罰する

**問題解決に効果のない方法には
頼らない方がいいですね**

言いにくいことを言う

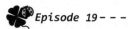

【エピソード11】で，授業参観において，ジョージ君がキョーコさんに不適切な発言をした場面の続きです。

Episode 19

「あ〜，おれ，キョーコとだけは組みたくねーや」と言いました（ジョージ君の発言）。一部の保護者と子どもたちは笑っていました。しかし，一部の子どもたちは，固唾を飲むような表情で私を見つめていました。

　私は，そこで活動をストップさせました。そして，言いました。
「ジョージ君，今の発言はどういう意味ですか」
　教室が静まり返りました。
「ジョージ君，今の発言は，キョーコさんにとても失礼です。謝りなさい」
と言うと，ジョージくんは「あ！」という表情をして，キョーコさんのもとに行き，「ごめんね」と言いました。そして，保護者に向かい，
「大変失礼しました。今のことについて後ほど，子どもたちと話をしたいと思います。授業を続けます」
と，言って授業を続けました。そこからはいつものように授業を展開しましたが，一部の子どもたちは，私の振る舞いから，ただならぬことが起こったことは察知していたようでした。保護者も微妙な表情をして帰られる方もいました。

　保護者が教室から出た後，子どもたちに帰りの会の用意をさせてから話し始めました。
「先程の件ですが，ジョージ君は謝りましたから，先生から特に言うことはありません。キョーコさんは，大丈夫ですか？」
と尋ねると，彼女はコクンと頷きました。それを確認してから，さらに話し

ました。

「みなさんに話したいことがあります。キョーコさんのことです。今日は，たまたまジョージ君が先生に注意されましたが，キョーコさんに特別な態度を取っているのは本当にジョージ君だけでしょうか。先生は，違うと思っています。先生は，君たちを担任する前からもずっと見てきました。先生の言っていることは間違っていますか？」

と言うと，子どもたちは下を向きました。

「もし，思い当たることがある人は，どうすればいいかわかりますね。……思い当たることがある人は，今，行動してください。……先生は，今後もみなさんをよく見ています。もし，今日のようなことがあれば，先生は絶対許しませんよ」

　気まずい沈黙の時間が流れました。私には時間が止まったかのように感じました。

　やがて，ゴトッと椅子の脚が床とこすれる音がして，一人の子が立ちました。そして，キョーコさんのもとに行き，深々と頭を下げて「今まで，ごめんなさい」と言いました。それをきっかけにして，最初は女子，やがて男子というように立ち上がり，同じようにキョーコさんに頭を下げて謝りました。4月からきた転入生2人を含めて全員が謝りました。キョーコさんは，最初驚いたような顔をしていましたが，一人ひとりに「いいよ」と声をかけました。全員が着席してから再び言いました。

「……いいですね。2度としないことです。先生は，4月に君たちに出会った初日に言ったと思います。いじめ，差別は許しません。みなさんは，心当たりがあるから今，謝ったのだと思います。……しかし，人は間違います。失敗します。どんなに立派な人でもです。だから，失敗したら，しっかりと責任を取りなさい」

　この後，幸いなことに，ジョージくん，キョーコさんの親御さんを含めて，保護者の方から何か言われることはありませんでした。「この日を境に」と言い切る自信はありませんが，昨年はずっと休憩時間を一人で過ごしていた

キョーコさんが，段々と休憩時間にクラスメートと過ごしたり，一緒に下校したりする姿を見かけるようになりました。

解説 ● ✳ ● ✳ ●

　キョーコさんが排斥されていたことは，多くの職員が薄々気づいていました。だから，恐らく彼女が悪口を言われたり仲間はずれにされたりするなど，何かある度に，子どもたちは指導を受けてきたのだと思います。だからこそ，私の問いに子どもたちは反応したのだと思います。

　そのときそのときの指導は，決して誤っていたとは思いませんが，侵害行為への指導が入る度に，それは段々と見えにくい形になっていたのだと思います。4年B組における彼女への排斥行為は，わかりやすい侵害行為と違ってなかなか顕在化しませんでした。明白な侵害行為があれば，もう少し早く何か手を打てたのではないかと思っています。

　何となくキョーコさんと他の子どもたちの間に距離があるように見えるだけで，仲間はずれにするとか，侵害行為を加えるということは，少なくとも私の目の前ではありませんでした。そこに油断がありました。ジョージ君のひと言は，まさに千載一遇のチャンスだったわけですが，保護者の目の前だとは予想外でした。

　キョーコさんへの排斥行為は，ハイフェッツらの適応課題の分類で言うところの「抑圧型」の課題になっていたのだと思います。「言いにくいこと」を言わないケースだったのではないでしょうか。子どもとのある程度の関係ができてきても，キョーコさんがこんなことをされている，こんな扱いを受けていると，私の耳に入れる子はいませんでした。キョーコさんが，特別な扱いを受けていることは知っている，しかし，誰もそのことには触れないという状態でした。

　いじめや差別の問題こそ，一貫性が厳しく求められることでしょう。「いじめや差別は許さない」と言っておきながら，もし，そうした場面を見逃し

たら，子どもたちは「いじめや差別を先生は認めた」と思うだろうし，「あれくらいなら許されるんだ」というお墨付きを与えることになるでしょう。

　また，いじめの指導は，いつも恐怖と隣合わせです。不適切な指導によって，更なるいじめ，誤解による不登校などが起こる可能性がありますし，何よりも子どもたちとの信頼関係を危機に晒すことになります。余程周到にやらないと，クラスを壊してしまう可能性すらあります。しかし，慎重になりすぎて機会を逃してしまうことによって，さらに事態を深刻化させる可能性もあります。そして，今回は保護者の面前です。自分の振る舞いによっては保護者から一度に信頼を失う可能性もありました。

　まだまだトラブルは日々ありましたが，ある程度の秩序が回復し，それなりに授業も機能するようになってきていました。しかし，キョーコさんの問題をクリアしないと，本当の意味で，４年Ｂ組の立て直しは「ない」と思っていたのは事実です。どんなにクラスで望ましいことが起こっても，嬉しいことが起こっても，キョーコさんのことは，喉に刺さった魚の小骨のように，いつも気になっていました。この一件で，その小骨が取れたわけではありませんが，それまでとは気になり方が変わりました。子どもたちとの何気ない会話の中で「どう，キョーコちゃん，元気にしてる？」とか「遊んでる？」と気軽に聞けるようになりました。

　子ども同士が「あけすけな」関係になるためには，教師と子どもの間にタブーを作らず「あけすけな」コミュニケーションができる関係になることがまず，大事ではないでしょうか。ただ，これでキョーコさんへの排斥行為がなくなったとは，全く思いませんでしたし，この指導でそこまでを期待していませんでした。それくらいキョーコさんの問題は，時間をかけて蓄積されてきた問題であり，根深いものであるとの確信がありました。今回の介入は，キョーコさんの問題，そして，恐らくその他にもあるに違いないこのクラスのいじめや差別の問題への教師の姿勢を示すためのきっかけだったと言えると思います。

この問題に、踏み込むことなくして
クラスの再生は、ないと思っています

安全基地になる　Attachment
～チャレンジする勇気を～

　人生はチャレンジの連続です。人生とは，様々な課題に向き合い，それを克服していく営みのことを言うのかもしれません。アドラーは，そうした人生における課題をライフタスクといって，「仕事のタスク」「友情のタスク」「愛情のタスク」の３つで設定しました。

　ハードルを跳ぶこと，山登りをすることと同じように，人生の課題を克服するには，エネルギーが必要です。そのエネルギーのことをアドラー心理学では勇気と呼び，その勇気を与える営みを勇気づけと言いました。勇気も勇気づけも，アドラーは明確な定義をしているわけではありません。ここでは岩井の整理がわかりやすいので，それを紹介します。岩井（2014）によれば，勇気とは「リスクを引き受ける能力」「困難を克服する努力」そして「協力できる能力の一部」であり，勇気づけとは「困難を克服する活力を与えること」としています[7]。

　人は勇気がある状態のときは，人生の課題に対して自らアクションを起こし，自らの力で解決していきます。しかし，勇気がくじかれると，それができなくなり，誤った目標に基づく不適切な行動をし，余計に状況を悪化させ，悪循環から抜け出せなくなります。不適切な行動を続ける子どもたちも，こうした悪循環に陥っている可能性があります。悪循環から抜け出ることは，個人の力では難しい場合があります。だからこそ他者の支援が必要です。しかし，誰もが勇気づけをできるわけではありません。他者を勇気づけるには「資格」が必要なのです。

「じゃれ合い」の歴史を積む

🔑 キーワード：＊目標理解　＊共感すれども同情せず　＊反応せず，行動する
　　　　　　　＊問題に注目せず，子どもに注目　＊人格と行為を分ける
　　　　　　　＊触れ合いの機会をもつ

【エピソード4】のジョージ君の話の続きです。

🍀 *Episode 20* -

　昼休みのトラブルが解決し，これで不登校傾向が解消されるかもしれないと期待されたジョージくんでしたが，その後も，断続的に遅刻や欠席は続きました。

　「なぜ，ジョージ君は学校にこられないのだろうか」と考えてみましたが，わかりません。しかし，まだ，出会って1ヶ月も経っていません。ジョージ君のことを何も知らないことに気づきました。それで，ジョージ君のことをもっと知ろうと思いました。

　ジョージ君は，学校にくる時間も不規則でしたが，帰る時間も不規則で帰りの会で「さようなら」と言うか言わないかのうちに教室から疾走して出て行くツヨシ君とは対照的に，なかなか帰ろうとしない子でした。帰りの会が終わっても帰ろうとしないジョージ君に「おや，まだ，帰らないの？」と尋ねると，「いやあ，なんとなくね」と屈託のない笑顔を浮かべました。私も少し時間があったので，おしゃべりをしていたらある映画の話題で盛り上がりました。インターネット空間で，主人公が敵と戦い大暴れするSF映画が当時，大ヒットしていました。ジョージ君も私も映画を観ていませんでしたが，そのCMの映像がとても印象的で「あれ，かっこいいよね〜」とか，「どうやって撮影したんだろうねえ」などと言って話をしていました。CMの中の主人公が，身体を仰け反らして弾丸を避けるシーンが話題となっていました。「あれ，やってみようか？」と言うと，ジョージ君は「やる，や

る！」と目を輝かせました。

　そこで，私は「バキューン！」と言って，ジョージ君を銃で撃つ真似をしました。ジョージ君は「うわ〜」と声を上げながら，倒れようとしました。私は，素早くジョージ君の後ろに回り込み，彼の背中を支え床すれすれまで倒したところで，彼の身体を起こしました。彼は「キャッキャ，キャッキャ」と声を上げながら「先生，もう一度〜」とねだりました。体格のいい彼を何度も支えたり，持ち上げたりするのは結構大変でしたが，彼は大喜びでした。時間がきたので，「ジョージ君，先生，そろそろ仕事に行くね」と言うと，「楽しかった〜，先生，またしてね」と言って手を振って帰りました。

　次の日も，放課後になると「先生，あれ，やろう」とジョージ君が手招きしました。何度やっても彼は喜びました。何度目かのときに「先生，オレが，先生を支えてみるよ」と言って，「行くよ，バキューン」と私を撃つ真似をしました。私は，手を背泳ぎのようにして回転させながらゆっくり倒れました。しかし，私の体重を支えることができずに，ゆっくりですが彼の上に私が背中から倒れました。彼は，その失敗も楽しかったらしく，床に転がりながらケラケラ笑っていました。

　時間がなくて放課後毎回は，ジョージ君と遊ぶことができませんでしたが，ジョージ君は毎日のように「今日，できる？」と聞いてきて，いつしかそれが日課のようになっていました。ジョージ君との放課後の秘密の遊びに気づいた他の子も，「先生，オレも〜」と言って行列ができるときもありました。女子が加わることもありました。ジョージ君は，私が他の子と戯れるのを笑いながら観ていました。また，順番を待つ間に，子ども同士でしていることもありました。

　数週間経つと，ジョージ君の登校しぶりや欠席はなくなっていました。そして，いつしかジョージ君が放課後，私を誘ってくることもなくなりました。懇談会の折にお母さんにお会いしたときに，
「以前は，ご心配をおかけしてすみませんでした。いかがですか，その後のジョージ君の様子は？」

と尋ねました。すると,

「はい,お陰様で,何だか楽しそうです。先生に放課後遊んで貰っているようで。『先生は,父ちゃんみたいだ』って言っていました。学校で,何しているんでしょうねえ」

と言って,笑っておられました。

解説　● ✳ ● ✳ ●

　ジョージ君の目標を考えてみます。ジョージ君は6人兄弟の4番目です。妹思いで,幼い妹2人の面倒を見ていたと言います。上の妹さんは保育園です。その子の遊び相手になっていました。また,一番下の妹さんは乳幼児で,ジョージ君は洗濯された妹のおしめをたたんだり,あやしたりと優秀なベビーシッターをしていました。お母さんもお父さんも仕事が忙しく,お2人とも夜勤をするようなお仕事でした。ジョージ君が,学校に行きたがらなかったのは,遅刻すると夜勤明けのお母さんに会うことができて少し甘えられたのかもしれません。また,優しい彼にとっては,強い言葉が飛び交う4年B組は居心地が悪かったのかもしれません。給食前になると学校にくるのは,ご家庭では忙しくてなかなかおいしい食事が整わず,給食の方がおいしいから食べにきていたという話も聞きました。「原因」は色々想像できました。

　そうした話を聞くと,自分の中に同情が生まれそうになっていることに気づきました。しかし,今大事なことは,同情することではなく共感することです。つまり,今の彼に何ができるかを考え,よいと思われることを実行することです。彼は,登校しぶりをしたり欠席したりすることで,家族や教師の注目を得ようとしていたのではないかと仮定します。すると,その状態に注目せず,適切な行動に注目すべきです。では,注目すべき適切な行動とは何でしょうか。それは,学校にきているということです。「どうして学校にきたくないのか」「何か嫌なことがあるのか」と彼にあれこれと事情を聞くことは,不適切な行動を強化することになります。

そして，登校しぶりや欠席という問題に注目するのではなく，ジョージ君に注目します。問題に注目すると，ジョージ君は，登校しぶりの欠席しがちの子というレッテルを背負うことになります。しかし，ジョージ君は，学校に登校することができるし，遊びが好きな心優しい朗らかな少年であることも事実です。こうしたポジティブな見方すら，それはジョージ君の一側面に過ぎませんが，問題に注目するとまるごとのジョージ君が見えなくなります。

　ジョージ君とは出会って１ヶ月。私は，ジョージ君のことを担任する前から知っていましたが，彼らから見たら，私はまだ「知らないおじさん」です。信頼関係を築くには，歴史が浅過ぎます。まずは，知り合うこと，彼に私を知って貰うことが必要でした。私が取った方法は「じゃれ合う」ということでした。勿論，同じことを高学年の女子にはできないでしょう。その場合は，おしゃべりなどがいいでしょう。また，野球が好きだったら，一緒にキャッチボールもいいでしょう。行為は異なれど，その本質は「じゃれ合い」です。

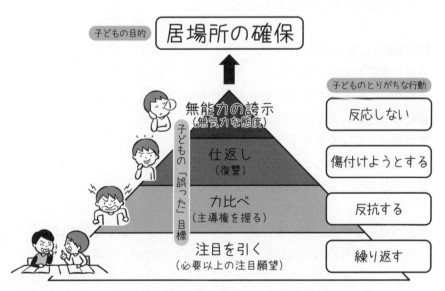

図3-2　子どもの誤った目標と取りがちな行動

第２章で，社会学者のルーマンの「信頼は，慣れ親しんだ世界においての
み可能である。信頼は，その背景が確実なものとなるために，歴史を必要と
する」という言葉を紹介しました。私とジョージ君には，「慣れ親しむ時間」
が必要でした。そして，そうした時間を積み重ねることが必要でした。ジョ
ージ君のような子が，安心して教室に居続けるためには，安心感を与える信
頼できる他者がそこにいる必要があります。ジョージ君は，出会った当初か
ら私と笑顔で話をしてくれました。しかし，それは「信頼の証」ではなく，
「あなたと知り合いですよ」くらいの意味だったのではないでしょうか。

　尊敬とか信頼とか難しい概念を打ち出す前に，まず，「君のこと，好きだ
よ」というメッセージを伝えることにしました。お父さんにはとてもかない
ませんが，「お父さんもどき」となることで，本当のジョージ君の歴史にほ
んの少し入り込むことができたのかもしれません。

　「映画ごっこ」から数日後，滅多に自学帳を提出しないジョージ君が，自
学帳を持ってきました。ノートを開いてみると，そこには可愛らしい文字で，
詩のような文章が綴ってありました。

〈４年Ｂ組でよかったこと〉
　４年Ｂ組になれてよかった。
　それから，いじめがなくなってよかった。
　担任の先生が，あかさか先生だったこと。
　それから，しょうぎやトランプができること。
　パソコンができること。
　ほとんどのクラスの人が友達になってくれたこと。

　勇気づけを必要としているのは，ジョージ君のような子だけではありませ
ん。全ての子どもたちに勇気づけが必要です。植物が，太陽の光や水を欲し
ているように，子どもたちは常に勇気を欲しています。なぜならば，子ども
たちの日常は，チャレンジの連続だからです。

② 強みを自覚させる

キーワード：＊人格と行為を分ける　＊相互尊敬，相互信頼

　自分との向き合い方も，人生における重要な課題です。クラスの日常的な活動において，自分の強みを自覚するしかけを用意しておくことが大事です。以下の実践は，その一つです。

🍀 *Episode 21* -

　文章力トレーニングのために，次のようなことを提案しました。

①お題を決める。
②１分間で書く内容をまとめる。
③３分間で書けるだけ書く。

　子どもたちに「やってみる？」と聞くと，「よっしゃ！」と言いました。
初回のお題は「自分のいいところ」です。
「はい，じゃあ，目を閉じてもいいし開けててもいいけど，１分間で，書く内容をまとめてくださいね」
　１分後にスタートしました。教室がシーンとしました。カリカリと鉛筆が紙面を走る音がしました。３分後「はい，おしまい」と言うと，子どもたちは「ふう」と言って，鉛筆をおきながら手首をグルグル回しました。何人かに発表して貰いました。

・ぼくのいいところは，いつも元気で人を笑わせることです。なぜかと言うと，ぼくは楽しいことが大好きだからです。みんなと一緒にしゃべったり，みんなに楽しんで貰うことが大好きです。みんながハッピーな気持ちになるとぼくも元気をもらっているような気がするからです。

・私のいいところは，最後まであきらめないでやることだと思います。わけは，社会科でやった気がついたことも，がんばって裏まで行ったからです。あと何でもがんばることです。難しい問題でもやるからです。

　これだけ書ける子もいれば，なかなか自分のよさに目が向かない子もいます。この子は「自分にはいいところがない」と公言していた子です。

・ぼくのいいところは，友達に優しいところです。

　やっと絞り出した20文字ちょっとですが，その子の特徴を表していると思います。周囲の子も「そう，そう」と頷いていました。

解説　● ✳ ● ✳ ●

　ドライカースとソルツ（早川訳，1993）は，「絶えず誤りを指摘されていると，子どもはつねに間違っていると思い込んでしまうばかりでなく，間違いをおかすことに恐怖を抱くようになってしまいます。このような恐怖感により，子どもはやがてやる気を失ってしまいます。なぜなら，何をやってもどうせ間違ってしまうだろうと思っているからです」と言います[8]。

　行動改善には，勇気が必要です。勇気は困難に立ち向かう力です。ところが，学級崩壊した子どもたちは，たくさん叱られてきています。いや「ダメ出し」をされてきていると言ってもいいかもしれません。しかも，一部の子どもたちの逸脱行動に対して，クラス全体が叱られるという経験を相当に積んでいるために，逸脱行動をしていなかった子どもたちまで自信を失っているのです。こうした不適切な行動をする子の周辺にいる子は，巻きこまれて一緒に自信を失ったり，「自分には関係ない」とクラスで起こっていることやクラスメートに対する関心を失ったり，「あの人たちはダメな人たち」だとレッテルを貼って，クラメートに対する信頼や尊敬の気持ちをもてなくな

ったりします。

　学級崩壊の立て直しのためには，困難を乗り越える意欲が必要です。そのためには，クラスに起こっていることやクラスメートに対する関心をもつ必要があります。クラスやクラスメートに対する関心をもつためには，それらに対する肯定的な感情が必要です。肯定的な感情をもつためには，クラスやクラスメートに対するポジティブな側面を知る必要があります。

　この実践は，自分のよさに目を向けるという意味もありますが，むしろ，それを発表し合うことで，共有することが更に大事です。「クラスではいろいろな問題が起こっている，しかし，問題を起こしている人の全てではない」ということをクラス共通の価値にします。行為に人格を巻きこまない風土をつくります。

　教室に相互尊敬，相互信頼の関係を持ち込むきっかけとして，教師が様々な場面で互いのよさを見つけ，知らせ合う活動を仕組んでおきます。これは，そのほんの一環です。そして，こうした実践を通して，「みんなには一人ひとりよさがある」と教師から子どもたちへの尊敬と信頼を伝える場にもなっています。こうした活動を教育活動のそこここに仕組むことで，自分たちの担任が，自分たちを尊敬し，信頼している教師であることを知らせるのです。

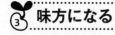 **味方になる**

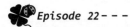キーワード：＊目標理解　＊人格と行為を分ける　＊共感すれども同情せず
　　　　　　＊取り組みを見守り勇気づける

【エピソード3】のカイ君との関わりの話です。

Episode 22 -

　カイ君は，朝から荒れていました。いつも饒舌で面白いことを言って笑っています。しかし，荒れている日のカイ君は，言葉数が少なく，友達のちょっとしたひと言が気に障ると，その発言者に向かって傷付ける言葉で総攻撃をしかけます。ただ，この日のカイ君は，彼にとっての致命的なミスを犯しました。ある子のある発言を耳にして，猛然と怒ります。そして，カイ君がクラスでもっとも尊敬し，傍若無人な振る舞いの多い彼が一目置いているサトル君に向かって，「うっせ，このゴリラ！」と言いました。それを聞いたサトル君は，烈火の如く怒ります。「なんだと，もう一回言ってみろ！」とカイ君に殴りかかろうとしまいた。普段は穏やかなサトル君が怒りを顕わにした姿を，私も初めて見ました。「ゴリラ」とは，サトル君にとって禁句で，一番言われたくない言葉でした。

　私は二人の間に入って，「どうした？」とサトル君に尋ねました。サトル君は，激しい怒りをにじませながら言いました。
「カイが，今，オレのこと『ゴリラ』と言った！」
　それを，聞いてカイ君は，怒鳴り返します。
「お前こそ，今，『……』と言っただろ」
と，言うと別の子が，
「カイ，それ言ったの，サトルじゃないよ」
　私はすぐさま「みんな，そう？」と聞くと，少なくない数の子が頷きました。

それは，カイ君にもわかったようでした。すると，カイ君は，
「うわあああああ，オレはもうダメだ〜！」
と叫びながら教室を飛び出しました。
　私は，サトル君に，
「後で，話をしような。大丈夫だな」
と声をかけると，サトル君が頷いたので，自習の指示をしてカイ君を探しに
いきました。４月からツヨシ君が脱走したときのために，自習体制は練習し
てあったので，子どもたちは速やかに自習を始めました。
　カイ君は，１階の相談室に居ました。カイ君と二人で話をするときによく
使っていた部屋でした。彼は，部屋の隅で泣いていました。少し落ち着いた
ところで，「大丈夫か？」と尋ねると，彼は言いました。
「オレ，もう死にたい……」
私　「そうか，死にたいくらい，まずいと思ったの？」
カイ「親友なのに……」
私　「親友を傷付けたと思って後悔しているんだね」
カイ「……」
私　「謝れば，いいじゃん。誤解だったんでしょ」
カイ「もう，無理，オレどうせ，またやる」
私　「そんなこと，わからないじゃん」
カイ「どうせ，オレは治らない……」
私　「どうして，そんなことわかるの？」
カイ「俺の目には，悪魔が住んでいる……」
私　「悪魔？　どういうこと？」
　カイ君は，泣きながら言いました。
カイ「前，お母さんに言われた。『お前の目には悪魔が住んでいる。だから，
　　　お前の乱暴は治らないんだよ！』って」
私　「……お母さんも心配だったんだな。本気で心配したんだよ。じゃなき
　　　ゃ，そんなこと言わないだろ。お前，諦めるのか？　言葉，治ってき

たじゃん。カイ君さ，言葉治そうとがんばってきたじゃん」

カイ「……先生」

私　「ん？　何？」

カイ「死んでいい？」

　彼の表情見ると涙は止まり，先ほどよりも少し落ち着いていました。それを確認した上で言いました。

私　「そうか〜，死ぬのか。お前，冷たいヤツだな。この前，先生と漫才コンビ組むって言ってたじゃないか。相方残して先に死ぬのか〜？　お前，冷たいヤツだなあ〜。ピン芸人として生きて行けって言うわけね」

と，笑いながら言うと，カイ君は壁にうなだれていた身体を起こしました。

カイ「あ，あ〜，そうだったっけ？」

私　「お前，まさか，相方残して死なないよな〜」

　カイ君は，3回ほど大きく頷くと立ち上がりました。

私　「一人で，教室行けるだろ。先生と教室戻った方がかっこ悪いだろ。教室行ったら，まずすること，わかるよな」

　カイ君は，振り返ることなく無言で頷き，相談室を出て行きました。

　私は見ていませんでしたが，水道で顔を洗った彼は，教室に入るとサトル君に，先ず謝ったそうです。渋々でしたが，サトル君も彼を許したそうです。その後，再び2人でふざけ合っていましたから，なんとか仲直りできたのかもしれません。

- -

解説　● ❋ ● ❋ ●

　カイ君が，乱暴な言動をする目標はなんでしょうか。乱暴な言動によって周囲を怖がらせて得ていたものはなんでしょうか。ときには，相手を傷付けるためだったかもしれません，ときには，相手と力比べをしていたのかもしれません，またときには，注目を得ていたのかもしれません。アドラー心理

学の前提に立てば，全て所属のための「誤った目標」に基づく行動を取っていたわけです。彼は，乱暴な言動によって，居場所を獲得していたのです。

　そうなると，それを止めさせようとすることには，かなりの困難が伴います。なぜならば，アドラー心理学では，所属欲求は人間の根源的な欲求だと考えているからです。乱暴な言動を止めさせるということは，所属を放棄しなさいと言っていることと同じで，彼のクラスにおける居場所を奪うことになります。そして，乱暴な言動の代わりに新しい居場所の獲得の仕方を彼が手に入れるためには，更なる困難が伴います。慣れ親しんだ方法を捨て別の方法を選択することは，かなりの勇気が要ります。

　それでも，彼は必死に別の所属方法を模索していたのだと思います。不適切な行動で居場所を確保していた子が，従来の方法を改め新しい方法を獲得するためには，厳しいチャレンジをしなくてはなりません。彼が克服の過程で，「無理だ」と言ったことも「死にたい」とい言ったことも無理のないことかもしれません。

　親友に暴言を吐いてしまって「死ぬほど」後悔している，そして，親から「悪魔の目」とまで言われたことなど，心が痛むようなことかもしれませんが，ここで，同情してしまったら彼は改善の為の勇気が挫かれることになります。彼は，確かに他の子が決して言わないような酷い言葉を使って他者を責め立てることがあります。また，物を投げたり壊したり，ときにはその攻撃的行動が他者の身体を痛めることもあります。しかしその一方で，クラスメートを笑わせ，また，情に厚く涙もろく，そして病気の妹を労る心優しい少年でもあります。

　これまで，他者に傷付く言葉を浴びせる度に「気持ちはわかるけど，その言い方，ちょっとキツイね」「前に比べたら，優しくなったんじゃないかな。先生は，そう思うよ」などと，注意を喚起したり，成長を認めたりしてきました。そして，私もカイ君のつくった漫才会社の社員の一人としてカイ君とコンビを組んで，一緒に漫才をしたりしてきました。彼の激しい言動にも，感情的に反応することを極力控え，彼が新しい行動様式を獲得できるようサ

ポートすると共に，サポーターとして認めてもらえるように，触れ合いを大事にしてきました。

　心理学者であり精神分析学者であるボウルビィは，子どもは社会的，精神的発達を正常に行うために，少なくとも一人の養育者と親密な関係を維持しなければならず，それが無ければ，子どもは社会的，心理学的な問題を抱えるようになる，という愛着理論（アタッチメントセオリー）を提唱しました（ボウルビィ／仁木監訳，1993）[9]。愛着理論における親密な関係の養育者を安全基地と呼びます。この考え方は，教育，子育て，人材育成，自己啓発など，様々な場面で活用がなされています。茂木（2007）は，新しいことにチャレンジするには安全基地が必要だと言い，安全基地とは「人生の中で自分ができるかどうかわからない不確実なものにチャレンジする時の基盤を確保してくれる人のこと」だと説明します[10]。こうした主張も，背景に愛着理論があるものと思われます。

　ドライカースの民主的な教育方法でも，勇気づけのところで，相互尊敬，相互信頼の必要性を説いています。人が何かに挑戦するというときにはリスクを伴います。人がリスクを引き受け，課題に挑戦するためには，尊敬と信頼に基づく関係性を築いた安全基地のような存在の人物が必要だということでしょう。

　不適切な行動で居場所を確保していた子が，適切な行動で居場所を確保するようになることは，とてつもないチャレンジです。適切でも不適切でもない，中性の行動を取っていた子が適切な行動をするようになることよりも，遙かに行動コストがかかります。人をいじめていた子が，その子と仲良くなるということは，人と挨拶程度の関わりをしていた子が，人を助けるようになることよりも，遙かに難しいのです。

成長は挑戦
の連続

挑戦には
安全基地
が必要

 Episode 23 -

　２年後の話です。

　彼は６年生，そして，私は別のクラスを担任していました。卒業式のひと月前くらいのことです。私が自分のクラスの帰りの会をしていると，教室の前の入り口に彼が立っていました。

　「おう，どうした？」と尋ねると「先生，ちょっといいっすか？」と私を呼びました。なんだか落ち着きがありませんでした。何かトラブったのかなと少し心配になりました。

「帰りの会，もうすぐ終わるから待って」

と言いかけて気づきました。彼の目が，涙でいっぱいになっていたのです。

　ただならぬ雰囲気に「はい，続けて」とクラスの子どもたちに帰りの会を続けるように言って，廊下に出ました。

彼は，私に背を向けながら腕だけをこちらに伸ばし

　「先生……，ありがとうございました……」

と言って，細い封筒を渡すと，ピューッと廊下を駆け上がっていきました。封筒を開けてみると，手紙が入っていました。

　彼は，文字に感情が出るタイプです。いい加減な気持ちで書いたときは，直ぐにわかります。一枚の便せんには，恐らく，彼としては最高レベルの丁寧さで書いたであろう文字が並んでいました。

赤坂真二先生へ

　先生は，生徒一人一人と話して向き合っていて，先生としてもそうですが，人として尊敬しています。

　先生には常識や人として当然の事を教えていただきました。ひと言で言い表せないほど，大切ですばらしい言葉はずーっと忘れません。先生と会えなくなるのはとてもさびしいですが，先生と過ごした日々を大切に思い，生活していきます。

　本当にありがとうございました。

カイ

組織する　Organization
〜子どもたちと共に荒れに立ち向かう〜

　学級崩壊を本気で克服しクラスを立て直そうと思うなら，子どもたちの組織化が必要です。先生方は，「一人で戦おうとし過ぎ」ています。一人でがんばって，その先生の下で平和が訪れても，担任が代わったらまた荒れます。幸いなことにクラス替えがあって，荒れることはないかもしれませんが，それで子どもたちは何を学ぶでしょうか。

　子どもたちに問題を考えさせなくては，きっと人生のどこかで同じようにして対処をすることでしょう。うまくいかないときには，不適切な行動をすることによって周囲を混乱させる，また，不適切な行動をする人を非難したり責めたり，排除しようとしたりする，また逆に，そうした問題に対して無関心になり，自分に火の粉が飛んでこないように消極的に生活するかもしれません。今あちこちで起こっているコミュニティの問題は，ほぼこうした誤った対処方法による混乱なのではないでしょうか。

　今回の学習指導要領で，対話や協働が強調されていますが，コミュニティのメンバーが力を合わせて問題解決することなしに，対話や協働の力が育つわけがありません。「学級崩壊しているクラスでそんなレベルの高いことは無理だ」と言われるかもしれません。しかし，それは考え方次第です。クラスで起こっている問題は，クライシスですが，クライシスはピンチであると同時に，クラスを育てるチャンスでもあるのです。

① 魅力的な目標を掲げる

キーワード：＊一緒に楽しむ　＊子どもたちを組織する

　リーダーシップの最小3要素の一つに，「目標の設定・共有」があります。子どもたちを荒れ克服の当事者にするには，子どもたちを問題解決の当事者にしなくてはなりません。そのためには，子どもたちと学級の問題を共有する必要があります。「このクラスは問題がたくさんありますから，みんなでよくしましょう」では子どもたちは，その目標自体を支持しないことでしょう。趣旨は誤っていないかもしれませんが，その表現方法が誤っています。面白そうではないからです。余程の信頼関係がないと人は楽しくないことにかかわろうとしません。

　「部屋が汚れているからきれいにしよう」では，一緒に行動してくれる人は自分と関係性がある程度できている人たちだけです。しかし，「この部屋を誰もが笑顔になりワクワクするような空間にしよう」と言ったら，賛同者は先ほどより増えることでしょう。

　人を巻きこみ，問題解決の当事者にするためには魅力的な目標が必要です。学級生活においては，子どもたちと生活改善の目標を共有するためには，その目標を共に目指したくなるような魅力的なものにする必要があります。

Episode 24 -

　4月半ばの話です。

　子どもたちに聞きました。

「ねえ，みなさん，どんなクラスになりたいの？」

　B5サイズの画用紙を立てに切った短冊を渡すと，子どもたちは自分の願いを書き始めました。直ぐに書き出す子もいれば，「え～？」と困った様子の子もいました。それでも全員が，なんらかの意見を書きました。全員の短冊を黒板上に並べ，似たものを集めて分類し4つのまとまりになりました。

・元気なクラス　　　・楽しいクラス
・仲のよいクラス　　　・明るいクラス
　話し合いながらそれを一つのフレーズにしました。
「元気で仲がいい明るく楽しいクラス」
　こうして4年B組の学級目標が決まりました。私は次のように言いました。
「学級目標が決まりました。今日から4年B組はこの目標を目指していきましょう。でもね，まだ，この目標は未完成です。この目当てがいつもみんなの心に留まり光り輝くように，この目当てにぴったりのキャラクターを決めませんか」
　この提案に子どもたちはぽかーんとしていました。それで，過去の私のクラスのキャラクターを紹介しました。
「頭のよいクラスになりたいって言ったクラスは，『いるか組』って名前にしたよ。また，何でも言い合えるクラスになりたいって言ったクラスは，クジラが水中でコミュニケーションをしているってことから『クジラ組』って名前にしたよ。みんなで協力して問題を解決したいと言ったクラスは，太鼓とバチが力を合わせて音を出す太鼓と物語『スイミー』を合体させて『タイミー』って名前にしたよ」
　子どもたちは，「なんだそれ〜」と笑いながらも興味をもったようでした。
「みんな，笑うけどさ，先輩たちは卒業生しても『俺たちクジラだ』とか，連絡してくるときに『タイミーの〇〇です。覚えていますか？』なんて言ってくるよ。だから，それなりに心に残っているんじゃない？　どう，4年B組も決めてみない」
と言うと元来ノリのいい彼らは，「う〜ん」と言いながら考え始めました。
　すると出てきたのが，次の意見でした。
A　イカ
B　元気マン・仲良しマン・楽しいマン・明るいマン（土偶マン）
C　元気レッド・仲良しブルー・楽しいグリーン・明るいイエロー（4のB
　レンジャー）

D　ハッピーマン

E　ハッピーくん

F　メゾミーちゃん＆メゾシーくん

　Aのイカは理由はよくわかりません。本人も「苦し紛れ」と言っていました。BとCは，学級目標のフレーズを独立したキャラにして，それがチームをつくっているイメージとのこと。DとEは，学級目標が達成すると幸せなクラスになれるからだそうです。Fは，発言者の考えたオリジナルキャラクターだそうです。

　ここからは2校時分，激論を交わしました。その結果Bとなりました。しかし，ここで終わらないのが4年B組です。4人の「土偶マン」だけでは，まとめる人がいないのでバラバラになるからリーダーが必要だと言うのです。ちなみに「土偶」は以前担任していた6年生の歴史の学習で使用していたレプリカの置物が，いつの間にかクラスのマスコット的な存在になっていたので4人のキャラを「土偶マン」と名付けたのだそうです。「土偶マン」のリーダーは直ぐに決まりました。最初は「赤坂先生がいい！」と言っていましたが，結局「土偶大将軍」で行こうということになりました。よって，4年B組のシンボルキャラクターは，「土偶大将軍と土偶マン（元気マン，仲良しマン，楽しいマン，明るいマン）」に決まりました。この瞬間に，4年B組は「土偶組」と名乗ることになりました。

　　解説　● ✳ ● ✳ ●

　前作では，感情的になって暴れるツヨシ君に「簡易カウンセリング」という手法を使って，行動変容を促す様子を紹介しました。「簡易カウンセリング」はアドラーカウンセリングを一般の方でもできるようにアレンジしたものです。そのステップは，「関係の樹立」「目標の一致」「課題の分離」「結末の予測」「代替案の模索」です。他者の問題解決を支援するときは，まず支援ができるに足る信頼を築き，目標を定めて，その目標実現のためにできる

ことを策定していきます。目標を定めるときに話し合いながら，被支援者が納得できるものにすることが求められます。

カウンセリングを始めるときには，被支援者がニーズを持っていない場合があります。問題解決の必要感をもっていなかったり，問題解決をする勇気が挫かれたりしている場合です。そのようなときは，問題を解決することの意味や解決のためにできることを明確にすることによって，問題解決への意欲を高める必要があります。クラスの改善の場合は，魅力的な学級目標を設定することによって，子どもたちをクラス改善の当事者にすることが可能です。魅力的な目標は，そこに向かう意味をもたらすからです。

私は，学級目標を魅力的なものにするために，学級目標のキャラクター化という手法を取ります。もちろんそのキャラクターが魅力的なことは大事です。しかし，もっと大事なことはその過程です。

①決定に全員が参加すること。

②全員の納得で決めること。

③必要な時間をかけること。

私は，上記のような３つの条件を大事にしています。子どもたちを組織化，つまりチーム化するという視点でも，魅力的な目標は必要不可欠です。チーム化の条件は，「目標の共有」「目標達成のための手続き・ルールの明確化」「良好な関係性」です。目標の共有があるからこそ，２つの条件が生きてきます。チーム化は目標の共有から始まると言っても過言ではありません。魅力的な目標は，目標の共有を容易にします。

学級崩壊の克服の成否は，端的に言えば，クラスを改善するという目標達成に子どもたちを巻き込めるかどうかにかかっています。クラス改善を子どもたちと一緒に楽しむのです。クラス改善は，時間がかかります。時間がかかることに取り組むためには楽しさが必要です。つらいものは長続きしません。

私の書籍にはあまり授業の話は出てきません。それには次のような思いがあります。私は新採用からの６年間は「授業づくりの鬼」とでも言うような

取り組みをしてきました。しかし，最初の崩壊学級を担任したときに，そこで培ってきたものはほとんど役に立ちませんでした。だからと言って「授業づくりに意味はない」と言いたいのではありません。むしろ真逆です。教師にとって授業づくりは，「当たり前」の営みだと考えています。「授業で勝負」と言う方がいますが，それを声高に言うことだと思えないのです。

　レストランが「料理で勝負」と言ったとします。それはそうでしょうと思います。でなかったら，どこで勝負するのでしょうか。タクシーの運転手さんが「運転で勝負」と言ったら，「他に何で勝負？」と言いたくなります。レストランが料理をし，タクシーの運転手さんが運転をすることは，当たり前のことであり，そこを大事にしないことがそもそもおかしいのです。

　授業，学習指導は「当たり前」にやった上で，本書で書いてあるような取り組みをしていくのがクラス改善です。因みに，一学期に子どもたちに「がんばったこと」を振り返ってもらいました。そうしたら，４年B組の子どもたちの70％以上が授業や学習に関する記述を一番に挙げていました。そのいくつかを紹介します。

・私が一学期がんばったことは勉強です。私は勉強が苦手で，その中でも特に算数がとても嫌いでした。けどだんだんわかって少し算数が楽しくなってきました。だからもっとがんばろうとしたらプリントで100点が取れました。

・百ます計算を２分台でできるようになった。自学で花丸をもらうことができた。

・一学期がんばったことは勉強です。４年生になってから話をよく聞くようになりました。

・勉強ができるようになったこと。

・算数の筆算ができるようになった。

・わからない問題や計算や漢字を身につけたので，２学期もがんばれる。

・割り算の筆算がよくわかるようになった。

② 問題解決に巻きこむ

> キーワード：＊結末から学ぶ　＊取り組みを見守り勇気づけること
> ＊共感すれども同情せず

カイ君とサトル君のトラブルの少し前のことです。

　ある子が泣いていました。その子は，ルールを破っている子がいたので，注意をしたのだそうです。そうしたら，注意された子はカッとなって，その子に悪口を浴びせました。またそのとき，周囲には大勢の子がいて，そのやり取りを見ていたこともわかりました。

　悪口を言った子は謝り，泣いた子も許したので，そのこと自体はすぐに解決しました。しかし，多くの子どもたちがそれを知っていながら，そこで何もしなかったことは，4年B組の弱点の一つだと思い，少し話をすることにしました。

🍀 Episode 25 -

「人を傷付けることを言う人がもっとも悪い。でも，それを言わせっぱなしにしてきた人たちにも問題がある。なぜ，そういう人を見たら，『そういうことを言わない方がいいよ』と言ってあげないのだ。傷付くことを言われたら『今の言葉，傷付くんだけど』と訴えないのか。君たちは，1学期に人を傷付ける言葉を言わない！　と先生に口を揃えて言ったじゃないか。でも，まだ，これだけ言ったり，言われたりしているじゃないか。君たちは人を傷付ける言葉と本気で闘う気があるのかい，ないのかい，どっちなんだい。人を傷付け，それを見逃すクラス，それとも，それと闘うクラス，君たちはどっちを選ぶの」
と，ここまで言い，腰を下ろしました。座りながら，
「君たちが決めなさい……先生は見ているから」
と言うと，黙って腕組みをしました。

3　学級崩壊に向き合う　　**215**

沈黙が教室を包み込みました。

　数分後。

　ガタッとある子が立ち上がりました。それに釣られるかのようにガタッ，ガタッと席を立ち，4，5名が黒板の前に立ちました。ガタッ，ガタッとさらに数名。合計8名くらいが，黒板の前に立ち，相談を始めました。そして，また，数分が経ちました。

　相談の中心となっていたカオルさんが，意を決したようにみんなに聞きました。「みなさんに聞きたいんだけど，みなさんは，人を傷付ける言葉と闘いますか？　闘いませんか？　闘おうと思う人は手を挙げてください」

　その問いに応え，一人を除いて手を挙げました。カオルさんがその子に尋ねました。

「なぜ，カイさんは手を挙げないのか，理由を教えてください」

　カイ君は，ポツリと言いました。

「……無理だ」

　この日のカイ君は，決して感情的になっていませんでした。しっかりと考えて言葉を絞り出したように見えました。カオルさんは，なおも続けます。

「カイさんは，やってみる前からあきらめるんですか？」

　カオルさんもどう言っていいかわからなかったのか，躊躇いながらも，しっかりとした口調で言いました。カイ君は答えます。

「努力したけど，ダメだった……」

　カイ君は，カイ君なりにがんばってきたのだろうと思います。適当に「無理」と言っているのではないことは，周囲にも伝わりました。しかし，カオルさんは更に言います。

「そんなこと言わないで，もう一度，努力してみてくれませんか」

　カイ君は，下を向き黙りました。そこで，カオルさんと交代しました。出た方がいいと思ったからです。

「カオルさん，ありがとう。（全員の方を向いて）君たちの勇気に感謝します。本当にありがとう」

そう思うのも、ムリないさ
でも、君の努力を
認めている人もいるよ

オレには、ムリ
だって
何度もやってきた
でも
ダメだった

　そして，カイ君に向かって言いました。
「君は，無理だと自分で言うけれど，先生はそうは思わないよ。同じように
思っている人は，先生だけじゃないよね」
と，アカネさんに目をやりました。アカネさんは，一瞬「え？」という顔を
しましたが，すぐに「あのことか」と理解したようで，こう言いました。
「うん。前に比べたら言葉遣いが，とてもよくなったと思います」
　カイ君は，アカネさんを横目でジッと見ていました。彼女は，以前言葉遣
いについて話し合った時に，日記で，彼の言葉遣いが変化してきたことを教
えてくれました。
「カイ君，君の努力を認めている人もいるよ。カイ君ならできると思うんだ
よね。もうちょっとだけ努力してみないか」
と言うと，カイ君は穏やかな顔で頷きました。
「よし，それじゃあ，全員でもう一回，努力してみようか，ね」
と言うと，「ハイ！」と元気のいい返事が教室に響きました。
　そして，クラスのルール「注意されたら，素直に聞く」が改めて確認され

ました。

　その次の日の帰りの会のことです。ある子が言いました。

「ぼくが今日，ある人たちが，給食の時間にうるさくしていたので注意したのに，素直に聞きませんでした。これはクラスのルールを守っていないと思いまーす」

と言いました。すると訴えられた2人が，

「それは，ボクたちでございます。申し訳ありませんでした。ハハ～」

と言いながら，土下座をする真似をしました。そのやりとりがコントのようで，みんなで大笑いでした。

解説 ● ✻ ● ✻ ●

　攻撃的言動は，4年B組のコミュニケーションの方法にこびりついていて，習慣化しているようなところがありました。勿論，「全員」ではありませんし，そうしたコミュニケーションをすることが子どもたちの「いつも」ではありません。不適切な行動は，いつもパートタイムで起こります。しかし，影響力の強い子のそうした言動の頻度が高いと，クラス全体に殺伐とした雰囲気が発生します。

　「注意はトラブルの元になるから，子ども同士では注意をさせない」というクラスがあります。その様にしたくなる事情，そうせざるを得ない事情はわかります。だから，そうした実践も尊重します。しかし，私はそうした戦略は採りませんでした。目の前で，仲間が違和感のあることをやっていたら声をかけるというのは，同じコミュニティにいる者の義務であり責任であると考えるからです。仲間になる，共同体になるということは，「互いに関心をもつ」ということです。

　しかし，4年B組は，注意から喧嘩になるということが頻発していました。だから，4月に「注意禁止，ただし，声掛けはしよう」というルールをつくり，声掛けの練習もしました。「朝学習でおしゃべりをしている人がいた」

などと具体的な場面を提示し，相手を不快にさせないようにして声を掛けてみようなどと考えさせるわけです。注意をしてトラブルになるということは，関係性の問題と，伝え方のスキルの問題があると思います。親しい間柄だったら，トラブルになることはないでしょう。トラブルが起こるということは，注意すること自体が問題ではなく，トラブルになる要因に問題があるわけです。

　今回の場合は，周囲の話によると注意した子は，確かめてみると，それほど不快になるような言い方ではなかったようです。注意というよりも声を掛けたというのが正しい状況のようでした。そうなると関係性の問題だと思われます。人間関係が悪いと言うよりも，互いの関係が薄い，または，尊敬と信頼が育っていない状況で，声を掛けられたものだから，不愉快になったのでしょう。ただ，私がここで重視したのは，当該の子どもたちの関係性よりも，注意した子が攻撃を受けていることに対して，周囲が傍観していたことです。これについては，介入をしなくてはならないと考えました。子どもたちの，侵害的言動に対する向き合い方を問うよいチャンスだと思ったからです。

　選択肢を与えているわけなので，論理的結末の手続きのようですが，今回の場合は論理的結末としては全くの誤用です。選択肢を与える場合は，どれを選んでもいいものを用意することが望ましいと思われます。そうではないと，対等な選択にはならないからです。私は選択肢を示していますが，子どもたちに「闘わない」ということを選択してほしくないわけです。それに，恐らくこのときの私の身体からは，怒りが滲み出ていたと思います。したがって，ドライカースらの言う論理的結末の場面としては不適当だと言わざるを得ません。

　ただ，チュウの「結末の体験」の指導過程は意識されています。①問題場面を切り出して注意喚起をし，②子どもたちが求めていることとの食い違いを指摘して，気づきを促しています。そして，もっとも願ったのは，この問題に対して子どもたち自らが改善の為に行動を起こすことでした。チュウの

「結末の体験」の指導過程において，子どもに一部のやり取りを委ねたのは，子どもたちに自立を促すためです。

ドライカースとソルツ（早川訳，前掲）は，「子どもが自分でできることを親が代わりにやってはいけない」と言います[11]。いずれ私は担任ではなくなります。しかし，子どもたちのコミュニティは，私が担任でなくなっても継続します。子どもたちがこの問題を自分事にするためには，自ら何とかしようと思う気持ちを喚起しなくてなりません。

しかし，侵害的言動の問題は，クラスのもつ文化，地域の雰囲気ともつながっている問題です。個別の子どもが負うには荷が重すぎます。だから子どもたちの組織化が必要です。子どもたちを組織化するためには，目標の共有が必要です。しかし，コミュニティの文化と接続した問題は，気を緩めると直ぐに元に戻ります。だから時々目標を共有し，ベクトルを揃えながら歩みを進めることが必要でした。カイ君のような途中で自信を失う子が出てもいいのです。

そのとき，「無理だよ」と思ったのは，カイ君だけではなかったと思います。カイ君は，そうした子どもたちの気持ちを代弁してくれたに過ぎません。カイ君が「最後まで納得しない」というシナリオも途中で組み立てていました。しかし，カイ君は勇気をもって同意してくれました。カイ君のその姿を見て，似たような思いをもった子どもたちは勇気づけられたに違いありません。カイ君は，この日のヒーローの一人だったと思います。この問題は根が深いと教師が諦めてしまったらそこまでです。担任は「この子たち，かわいそうに」と思う暇があったら，「君たちなら必ず克服できる，立ち上がれ」と鼓舞するのがその役割ではないでしょうか。

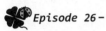

③ 大事なことはみんなで決める

🔑キーワード：＊子どもたちを組織する　＊何でも言い合える関係

Episode 26 -

　今日のクラス会議の議題は「ウサギの名前を決めよう」でした。高学年が担当している委員会活動の飼育委員会から代表委員会を通じて，新しく飼うことになった２羽のウサギの名前を募集するので，各クラスで候補となる意見を決めて欲しいという依頼がきました。４年生以上が決めるのは，白い身体に赤い目をしたウサギです。子どもたちはいろいろな意見を出しました。

　・ホワイトサンバ　・シロサギ　・ホワロ　・イギリス　・ギリシア
　・ポーランド　・イタリアン　・マシュマロ　・電機大福　・アテネ
　・きらら　・ホワイトラビット

　子どもたちは，ウサギの体のイメージや，現在学校で飼育されているウサギ「ドイツ」との関わりから考えていましたが，やがて，関心が，赤い目のイメージに移ってきました。

　・レッドアイ　・ルビー　・チェリー

　すると，ある子が「ジャパン！」と言いました。その瞬間あちこちから「それだ！」と声が上がりました。日本の国旗，白地に赤い丸のイメージで浮かんだようで，「へえ〜」とあちこちから声が漏れました。ほぼ全員一致で，「ジャパン」に決まりました。

　子どもたちは，自分たちの意見が選ばれるかどうか，ワクワクしていました。

- -

　4年B組には，「大事なことはみんなで決めよう」と言ってきました。ドライカースらは，「家庭内のもめごとを民主的な方法で解決するために最も重要な手段の一つ」として「家族会議」を挙げましたが，私は，クラスを教育共同体に育てるためにクラスでの話し合い，クラス会議を重視していました。

　しかし，話し合いをしても民主的な方法を教えないと，子どもたちの話し合いには，しばしば弱肉強食の構造がもち込まれることがあります。その象徴的な場面が，【エピソード7】のカイ君とアイさんの怒鳴り合いです。この怒鳴り合いにおいて，私は直ぐに介入をしました。このままだと，カイ君やアイさんに不適切なコミュニケーションを続けさせることになり，それが子どもたちの前で展開されることによって，2人の誤ったイメージを子どもたちに刷り込むことになります。だから，

「今日は，クラス会議，止めましょう。話し合いができる状態ではありませんから，机を元に戻しなさい」

と言って，クラス会議を中断し，教科の学習を始めました。この日の状態のカイ君には，何を言っても入らないだろうと予想されたからです。

　学級崩壊の問題のほとんどは適応課題です。適応課題の解決は，当事者間に新しい関係性を構築する必要があります。新しい関係性の構築とは，誤解を恐れずに簡潔に言うと，垂直型の力による支配―被支配の関係から，水平型の民主的な対等な関係をつくることです。

　しかし，非民主的な力関係の中で生活してきた子どもたちにとって，民主的な関係の構築は容易なことではありません。民主的な生活をするための価値，態度，スキルを学ぶ必要があります。それを学ぶ場は，授業を含めた学級生活全体であるわけです。学校生活の隅々にまで，民主的な生活を浸透させて行く必要があります。しかし，文字や表や図に示すことができるカリキュラム内の時間と場から，そうすることができないカリキュラム外の時間と

場まで，あらゆるところまであります。それは，広範囲すぎてともすると子どもたちの学びが，統合されずばらけてしまい，効果が表れないことがあります。

　民主的な生活のための，価値，態度，スキルを定常的に統合的に学ぶのがクラス会議という時間です。

　松崎（2006）は，機能しているクラスでは，「教師の子どもへのかかわりの質が，子ども集団の人間関係を安心して自分を表現したりその集団のために積極的に貢献したいという関係性に促進的に作用し，両者の繰り返しの経験の中で集団凝集性が高められていく」ことを見出しました[12]。松崎の研究では，子どもの主体性を尊重した教師の関わりが，子どもたちの有能感や所属感を高め，そうした一連の働きかけの連続性がクラスのまとまりを生み出してくことが示されています（図3-3）。松崎（前掲）は，教師の子どもへの関わりとして，「子どもとの関係や支援・指導のあり方において，いかにして民主的な関係性とそのコミュニケーションスキルを学習し，実践の場で活かすことができるかが重要な課題となる」と指摘し，「民主的なリーダーシップ」を重視しています[13]。松崎の研究から，教師の民主的なリーダーシップが，学級のまとまりをつくっていく可能性が示唆されます。

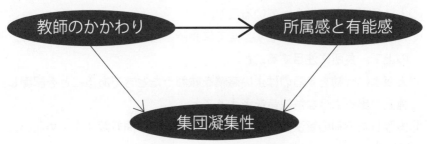

松崎（2006）より筆者作成

図3-3　学級機能の相互関係

しかし，垂直型の力による支配——被支配の関係に馴染んでしまっている子どもたちが，新しい価値や行動様式を学ぶことは簡単ではありません。民主的な生活の基盤は，対等性です。互いの関係性を対等にするには，コミュニケーションを対等にします。対等なコミュニケーションができるようになると，子どもたちは，「あけすけ」に「何でも言い合えるよう」になります。何でも言い合える場を子どもたちは，大切にし，尊重するようになります。するとその場に愛着や所属意識が生まれます。所属意識のある場に人は貢献しようとします。つまり，所属場所がよりよくなるように積極的にそこに関わるようになります。それが学級においては「まとまり」として表現されるのではないでしょうか。

　クラス会議にはいくつかのルールや配慮事項があります。その主なものを示します。

①輪になること。
②輪番で発言すること。
③トーキングスティックをもっている人だけが話すこと。
④傾聴すること。
⑤人の感情を配慮して自分の意見を伝えること。
⑥問題解決の手段として，罰や責めることを用いないこと。
⑦話し合いのルールをみんなで決めて守ること。
⑧人は多様な考えをもっていること。
⑨特定の考え方を絶対視せず，全てに長所，短所があることを認識し，その上で，長所に注目すること。
⑩人がよい行動をするのはよい感情を味わったときであることを認識し，勇気の出るような解決策を考えること。
⑪失敗したら別の解決策を探し，挑戦し続けて，問題解決を諦めないこと。

　これらのことを随時，指導します。クラス会議の流れは，図3-4に示す

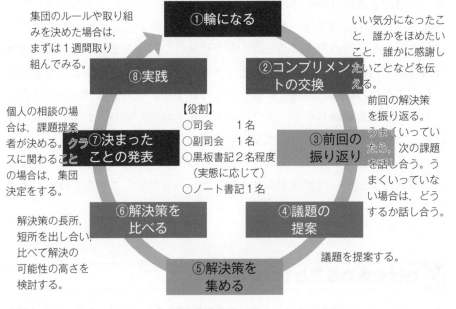

椅子だけで輪になる。

集団のルールや取り組みを決めた場合は，まずは1週間取り組んでみる。

いい気分になったこと，誰かをほめたいこと，誰かに感謝したいことなどを伝える。

① 輪になる

⑧ 実践

② コンプリメントの交換

【役割】
○司会　　　1名
○副司会　　1名
○黒板書記2名程度
　（実態に応じて）
○ノート書記1名

個人の相談の場合は，課題提案者が決める。クラスに関わることの場合は，集団決定をする。

⑦ 決まったことの発表

前回の解決策を振り返る。うまくいっていたら，次の課題を話し合う。うまくいっていない場合は，どうするか話し合う。

③ 前回の振り返り

⑥ 解決策を比べる

④ 議題の提案

解決策の長所，短所を出し合い，比べて解決の可能性の高さを検討する。

⑤ 解決策を集める

議題を提案する。

解決策を出し合う。

図3-4　クラス会議の流れ

通りです。

　しかし，4年B組の場合は，先ほど示したように，話し合いが不可能な状態になることもありました。そういうときは，潔くやめたらいいと思います。苦しい状態を経験させることにより，子どもたちがクラス会議を嫌がるようになったら，今後，クラス会議という手法は使えなくなります。使ったとしてもその教育効果は著しく下がることでしょう。クラス会議を機能させるのも，ルールの尊重です。ルールが尊重されない状態で，教師が介入しても改善不可能と判断したら，「やめる」というのも大事な指導行動です。

　子どもたちが司会等，運営するのが望ましいですが，実態によってはそれが難しいことがあります。4年B組でも，最初の10回くらいは，教師が進めました。時間枠は，週一回の学級活動の時間です。

また，クラス会議の議題は，２種類あります。個人の悩み相談のように，個人に関わる課題（個人課題）とクラス全体に関わる議題（全体課題）です。個人課題と全体課題では，最終決定者が異なります。ここをしっかり区別しておかないと，何のために話し合うかが曖昧になってしまいます。個人課題の場合は，相談者のために解決策をできるだけ出すことが主眼となりますが，一番大事なねらいは，相談者に寄り添うことです。一方，全体課題の場合は，クラスの問題を解決したり，クラスのルールを設定したり，お楽しみ会の相談をしたりして，アクションプランを決めることが主眼となります。

　クラス会議については，先ほどの①〜⑪の内容の指導方法などについて詳細に実施方法を示した書籍があります。そちらを参照していただければと思います[14]。

④ 助けを求めることでつながる

❀キーワード：＊結末に学ぶ　＊子どもたちを組織する　＊何でも言い合える関係

🍀 *Episode 27* -

　【エピソード９】で，体育館の壁を泥で汚してしまった，その後の話です。事実確認の後，ツヨシ君とタカト君に言いました。

「あなたたちがやったことです。自分たちで，責任の取り方を考えなさい」

　彼らは神妙に顔を見合わせました。

　その日は５時間目が丁度，クラス会議の日でした。

　ツヨシ君が，言いました。

「みんな知っているかもだけど，今日，オレとタカトが体育館の壁を泥だらけにして，どうやって責任を取ればいいかわからないので，責任の取り方を教えてください」

　状況のわからない子どもたちに，私の方から少し補足しました。

「どうやったら，責任が取れるでしょうかね。２人も悩んでいるようですの

で，みなさん，力を貸してもらえませんか」

　輪になった子どもたちが次々と意見を出しました。

　・泥を洗い流せばいい。

　・その前に，蜂の巣を取らないとダメだから，巣を落とす。

　・謝るのが先だと思います。

　・壁を磨いたらいい。

　・校長先生に謝る。

などなど，様々な意見がでました。一回りしたので，解決策の検討に入りました。

　・蜂の巣を落とすという意見が心配です。というか，蜂がいたら危ないから，先に蜂の巣を落とした方がいいと思います。

　・でも，自分で取ると危ないから用務員さんにやってもらったらいいと思います。

　・でも，用務員さんも危ないよ。

　・壁の高いところの泥は，どうするんですか？　とても届かないと思います。

　・ホースで勢いよく水を出せば，届くと思います。

　・用務員さんに頼むって言うけど，用務員さんだって忙しい。

　・用務員さんにちゃんと謝ってからお願いした方がいいと思う。

　・先生にも謝った方がいい。

　・先生に謝ったんですか。

　また，一回りしたので，2人に聞きました。

「では，ツヨシ君，タカト君，みんなが出してくれた解決策の中でやってみようと思うことはありますか」

　すると，何やら2人で相談した後，言いました。

「僕たちでは，泥を落とせないので，用務員さんに，まず，謝って泥を落として貰います。僕たちも勿論手伝います。そして，先生に謝ります」

　私はそれを聞き，言いました。

「校舎全体を管理しているのは教頭先生，そして，学校の責任者は校長先生，さらに，体育館の直接の責任者の体育主任の○○先生です。私ではありませんね」

タカト君は，

「じゃあ，教頭先生，校長先生，○○先生に謝ります」

と修正しました。

放課後，彼らは速やかに行動しました。泥は，用務員さんが既に落としてくれていました。先生方には私から一足先に連絡をしておいたので，しっかり叱ってくださいました。

帰ってきた2人に，

「どうだった？」

と，尋ねると，

「めっちゃ叱られた。びびった！」

「校長先生は，優しかったよ」

と恥ずかしそうにしていました。

解説 ● ✻ ● ✻ ●

　こうした指導法に対して違和感をもつ方もいるでしょう。しかし，アドラー心理学では，子どもを叱るという教育方法を評価していません。ここで，彼らを叱ってもあまり教育的効果は期待できません。せいぜい，怒ると先生は恐い，または，素直に謝っておけば事態は大人が収拾してくれるということを学ぶくらいで責任を取ることを学ぶことはほとんどないでしょう。

　子どもたちの目にいつも映っていたのは，問題を起こす度にキレてその場を回避していたツヨシ君と叱られるとのらりくらりと言い訳をしてごまかしていたタカト君の姿でした。その彼らが真剣な表情をしてクラスメートに助けを求めたことによって，この出来事は4年B組にとって，学びのきっかけとなったのではないでしょうか。

まず，ツヨシ君とタカト君にとっては，今回は「自然の結末」によって様々なことを学んだことでしょう。自分たちの好奇心を優先して公共物を汚すとどういう影響があるかを知ったと思います。今回のことで，彼らは私以外の職員から，その職責や個性に応じて複数の指導を受けました。一つひとつの指導の内容は，よく理解していないかもしれませんが，自分たちのいたずらは，自分たち，そしてクラス中で収まる問題ではないことを知ったと思います。そして，責任の取り方の一つのあり方も学んだことでしょう。

　それ以上に教育効果を得たのはクラスメートだと思います。まず，2人が自ら声を上げて責任を取ろうとした姿を見たことです。いつも「キレて逃げるツヨシ君」「言い訳をしてごまかすタカト君」が，自らリスクを取る方法を選んだことで，彼らに対する見方が一部で確実に変わりました。後日，ある子の日記に「2人のやったことはいけないことだけど，ちゃんと謝ったことはいいことだ」と書かれていました。

　また，ツヨシ君たちへの支援方法を話し合うことから，責任の取り方を学びました。これが「顕在的な内容」だとすると，もう一つ重要なことを学びました。それは，「このクラスは問題やトラブルを起こしても，みんなで助けてくれる」という「潜在的な内容」です。後者は，話し合いにおいて一切言語化されていませんが，子どもたちが活動を通して認識した内容です。後者をヒドゥンカリキュラムと呼んだりすることがありますが，こうした明文化されない学習が，クラスの風土をつくります。クラスの風土は，明文化されたルールよりも，クラスに強い影響を及ぼします。

　しかし，個人支援は，みんなで話し合う内容，特に学級活動の議題としてふさわしくないという方がいます。本当にそうでしょうか。

　教育学者であり哲学者のノディングスは，ケアリング研究の第一人者です。私たちも日常的に，心ケア，友達のケアなどという言葉使いますが，思いやりに似た概念です。ケアリングを「ケアされるひとのために行いに関与すること，ふさわしい期間を通してかれの実相に関心を持ち続けること，そして，この期間を越えて関与の仕方を絶えず更新すること」と言い，さらにその本

質として「教師はケアするひとであり，教育がケアリングでなければならない」ことを主張することによって，教育そのものが「ケアリング」であるとしました（西田，2008）[15]。また，ノディングスは，私たちはケアリングの同心円の中心にいて，親密な同心円のなかでケアしているが，そのケアリングが達成される過程において，ケアリングは不特定多数のケアへと，同心円のように拡大し発展していくものと捉えました（佐藤，2016）[16]。

　この思いやりの心にも似た，ケアする心は，最初は親しい間柄において発揮されていますが，その対象を，ケアしている対象の周辺の関係性にも視野を広げ連鎖的な関係ができることによって，新しい同心円的関係が形成さていき，主体的に誰かをケアしていきたいという構えができていくというのです（林，2000）[17]。

　学級活動において，クラスのことや学年のこと，学校全体の地域のことまでを視野に入れた議題を扱う話し合い活動を見ることがあります。3学期くらいの6年生の，「お世話になった○○小学校に恩返しをしよう」といった議題の話し合いです。しかし，子どもたちが全くその気になっていないような姿を見かけることがあります。クラスメートを思いやりケアする気持ち，つまり，クラスメートに関心が育っていない，クラス全体，そして学年や全校に対して愛着が育っていないのにもかかわらず，感謝を示せるはずがないわけです。それでも子どもたちは，「挨拶運動をする」とか「全校の廊下を掃除する」とか「それなり」のことを決めます。しかし，熱のない話し合いは熱のない活動を生み出すだけです。学校への愛着や感謝のないところに本気の活動は生まれないわけです。

　平成29年改訂の学習指導要領における学級活動における資質・能力は，「人間関係形成」「社会参画」「自己実現」の視点から整理されています。親友からクラスメートへ，クラスメートから学校へ，学校から社会へと身近な人間関係への関心と関与が広がる中で，オーセンティックな（真性の）社会参画が実現し，それを通して自己実現がなされることでしょう。なぜならば，

良好な人間関係，社会との関わりなくして自己実現はあり得ないからです。

　最初から彼らの同心円に入っていた子もいれば，同心円の外にいた子もいたと思われます。しかし，2人が援助要請をしたことで，2人の同心円が開かれたのではないでしょうか。また同時に，彼らの同心円が開いたことで，彼らの同心円に入ってきた子もいるでしょうし，彼らの同心円の中にいた子とのつながりで，彼らの同心円に入った子もいたでしょう。一方で，彼らが援助要請をしても全ての子が彼らの同心円に入ったとは限りませんが，話し合っているうちに同心円に巻きこまれたり，そこまでいかなくても同心円の周辺にきてその営みを眺めていたりした子がいたかもしれません。ノディングスの言うように，ケアしケアされる関係になるには，まずは，相手に関心をもつことから始まります。クラス会議は，他者に関心をもつ，そうした能力を開発する機会と言えます。

　大きなコミュニティの前段階の，友人レベルの小さなコミュニティへの関心，そしてそこにおける問題解決への関与がきっかけとなって，教育共同体がつくられていくと考えられます。

自分から見れば同心円だけど
それぞれみんな同心円があって
誰かの同心円に入ると，どんどん広がるわけです

でも，身近な人とつながっていないのに
そのつながりの先にある，学校や地域につながるわけないですよね

キーワード：＊子どもたちを組織する　＊何でも言い合える関係

Episode 28 -

カイ君が，アイさんを罵倒し，それをきっかけにクラス会議が中断したあの日から2ヶ月くらいが経ちました。クラス会議の議題に「お楽しみ会をしたい」との提案がありました。多くの女子が推す「バドミントン」と，多くの男子が推す「サッカー」の2つのアイディアが有力になり，双方一歩も譲りませんでした。社会体育のサッカーチームに所属するカイ君は，サッカーをしたくてたまりません。あの手この手でサッカーの魅力を語ります。バドミントンチームに所属するルミさんは，バドミントンをしたい気持ちもありましたが，彼女がサッカーに反対するのは昨年のことがあったからのようです。

バドミントン推進派の中には，「3年生のときのお楽しみ会では，男子ばっかりボールを触っていて面白くなかった」という不満，また，「最後には，男女の喧嘩みたいになってしまって嫌だった，また，そうなるかも」という心配がありました。ルミさんは，そうした意見の反映としてバドミントンを主張したのでした。

ルミさんも弁が立つ方なので，カイ君の巧みな誘いにも一歩も譲りませんでした。双方ヒートアップしてきて，段々と言葉が激しくなってきました。私はそれを見ながら，2ヶ月前のクラス会議を思い出していました。

輪番の後のフリートークの時間だったので，言いたい子が言いたいことを言っていました。そんな中で，カイ君がひときわ大きな声で「ちょっと，待った」と言いました。私が介入しようと，腰を上げようとしたそのときです。「バドミントン派の皆さんの意見はよくわかりました。でも，ぼくたちは，どうしてもサッカーをやりたいのです。ど，どうしたらサッカーに賛成していただけるでしょうか〜？」

と言って，膝をつきました。それが，時代劇を見ているようで，ルミさんたちも笑っていました。カイ君は，口元は笑っていましたが，目は懇願するような憂いがありました。ルミさんは，カイ君がふざけていないことを察知すると，同じ意見の子どもたちと頷き合って，言いました。
「わかりました。ちょっと，バドミントン派で相談してもいいですか」
　すると，カイ君はちょっとほっとした表情で，
「あ〜りがとう〜ございま〜す」
と言って，また，周囲の笑いを誘いました。
　クラス会議の輪の中で，ルミさんたちは円陣を組んで相談していました。待つこと３分くらいだったでしょうか。サッカー派のメンバーの中には，祈るようなポーズを取る子もいました。ルミさんが口を開きました。
「いいですか。もし，これから言う条件を飲んでもらえたら，私たちはサッカーに賛成します」
　カイ君たちは，それを聞くと，歓声を上げました。そして，カイ君。
「え！　いいの！　ほんと！　聞く聞く聞く！　教えてください！」
と言ったもののどんな条件なのかと少し心配もあったようで，また，真剣な表情に戻って，「どうぞ」と促しました。
「１，男子はシュートをするときは利き足ではない方で蹴る。
　２，男子がシュートを決めたら１点，女子の場合は２点。
　女子が活躍できるように，男子対女子の試合も入れて，男女対抗１試合，男女混合１試合の合計２試合する。どうですか」
　ルミさんの言葉を最後まで聞くと，カイ君は，尋ねました。
「ぼくたちにも話し合わせてください！　いいですか？」
　ルミさんたちが頷くと，カイ君たちは「よっしゃ！」と言ってルミさんたちのように円陣を組みました。そして，１分経つか経たないかのうちに解散し，言いました。
「その条件で，よろしくお願いします！」
　満場の拍手がクラスを包みました。後でよく聞くと，女子の中にもサッカ

ーをしたい子がけっこういましたが，喧嘩が起こるのが嫌でバドミントンに
賛成していた子がいたとのことでした。

　さて，この話し合いの後，行事，行事，行事でサッカー大会が延び延びに
なっていましたが，3週間後にようやく実施できることになりました。しか
し，外はあいにくの雨。「先生，これじゃいつできるかわからないね」と残
念そうに空を見上げる子どもたち。ただ，体育館の使用状況を調べると空い
ていました。
「じゃあ，体育館でやりますか？　今日，空いていますよ」
と言うと，「じゃあ，やろう」ということになりました。
　試合が始まりました。最初は男女対抗戦です。男子は，少しは手加減する
かなと思いましたが全くしませんでした。ダダダー！　と女子に突っ込んで
行き，ガンガンとシュートをしました。私は心の中で「全くもう，少しはさ
あ，女子も楽しませなさいよお」とつぶやいていました。あまりの男子の勢
いのよさに女子がやる気を失ってしまうかと思ったのです。
　しかし，B組の女子たちも男子のパワーに負けていませんでした。男子の
群れの中にガーッと突っ込んで行き，じゃんじゃんボールに絡んでいました。
「男子ばっかりボールを蹴っていてつまなーい」と言っていた子が，パワー
全開で男子のボールを奪っていました。女子の善戦に男子もかなりヒートア
ップしていました。「こりゃ，ひと波乱あるな」と少し心配も出てきました。
　そのときです。男子がシュートを一本決めました。大喜びの男子。でも女
子から「今の利き足だよ」と指摘がありました。ボールの周りに人垣ができ
ていて審判である私からは見えませんでした。ちょっと気まずい空気が漂い
そうになりそうでした。しかし，間髪を入れずに，一人の男子が，
「今の，利き足だよ。さあ，続きやろう」
と言いました。すると，スーッと気まずい空気が引き，「そうそう」「やろう
やろう」と声が出て，ゲームが再開しました。
　子どもたちは小さなこだわりから，イベントそのものができなくなってし

まうのは嫌だったようです。それだけこのイベントを大切にしていたのだと思います。試合は，３対０で，男子チームの勝ちでした。勝って嬉しそうにする男子の傍らで，拍手を送る女子の姿が印象的でした。試合後，「もっと，ボロ負けするかと思ったけど，３点でよかった!!」と晴れやかに笑顔を見せる女子もいました。

　男女混合の試合になると，女子と男子のパワーは，相乗効果でかなりパワーアップしているように見えました。１個のボールを追って，全員が夢中になっていました。そのとき，ある女子と女子が接触しました。お互いの脚をぶつけてしまいとても痛そうでした。そのうちの一人は，地域のサッカーチームに所属し，昨日の練習で脚を痛めていました。ゲームの前に，私が
「今日は無理しない方がいいんじゃないの？　試合が近いんでしょ」
と言ったら，
「いいの。いいの。やるの」
と言っていました。

　痛そうな表情の彼女らに気づくと，あんなに白熱していた全員が，ピタッ

同調的コミュニケーション
（おしゃべり）

競争的コミュニケーション
（喧嘩・支配―服従）

理性的コミュニケーション
（対話）

と試合をやめていました。2人に駆け寄り，口々に「大丈夫？」などと声を掛けていました。これは以前のB組には見られなかったことです。お互いに無関心で，声を掛け合うような場面は見られませんでした。

　脚をぶつけた子どもたちも嬉しかったのでしょう。後日，自学帳にそのときの喜びを書いていました。ゲームが終わると，2対1でした。その2点は，先ほど脚を痛めた女子が決めたシュートでした。閉会式で，司会が「みなさん，楽しかったですか？」と聞くと，「ハイッ」という元気な返事が，雨が屋根を打つ体育館に響きました。

- -

解説　● ✳ ● ✳ ●

　脚をぶつけた女子，カスミさんの日記です。

「お楽しみ会で，私が点を決めたら，ほめたり，かたをたたいてくれたりしてうれしかった。わたしが足をけられたときに，○○さんや△△さんが，だいじょうぶ？　とはげましてくれたりしたのでとてもうれしかった。サッカーで，相手のゴールがあいていて，ちょうどうちらのゴールキックの番だったから，『あがれ～』（自陣に戻るの意）と言ったらみんなあがってくれたのでよかった。

　先生，もう足だいじょっぶだからね，心配しないでね」

　カスミさんは勉強もよくできるし，スポーツも万能です。しかし，ご家族との関係に葛藤があり，気持ちがなかなか安定しないところがありました。友達関係も，疎外されているわけでもありませんが，親友がいるというわけでもありませんでした。出会った初日に，私に「その顔うざい」と言った子です。彼女の，「毒舌」の背景には，寂しさや孤立感があったように思います。この日は，彼女にとって印象的な日になったようです。

　この頃になると，子どもたちの自学帳には，次のようなクラスのことを書

いてくる内容がよく見られるようになりました。

「ぼくは，クラスのいいところを２つ見つけました。
　１つ目は，クラスのみんなが一つ一つに協力してくれたり，友達を遊びによく誘ったりするので，そこのところがとてもいいと思います。
　２つ目は，元気があるし，笑い声もいっぱい聞こえる。とてもいいと思う。しかも，人や自分がよかったことを１日１回は発表してくれる人がいるので，とてもいいクラスだと思います」

　また，人の長所を見つけることは，クラスの文化として定着していました。自学帳には，クラスのいいところ，友達のいいところが毎日のように書かれていました。私は折に触れ，それらを読み上げ，物事や人のよいところに注目することの大切さを語りました。

「私は，１，２，３年生のとき，あんまりいごこちがよくありませんでした。なぜかというと，人の悪口があり，じゅぎょう中もうるさかったからです。
　でも，４のＢになってからそういうのもなくなり少し心がほっとしています。先生ももちろん，クラス全体がこういうふんい気をねがっていると思います」

　この子は，クラスでは自分の気持ちをあまり表現しない子でした。この子がこんな風に自分の気持ちを開示することは，正直言って意外でした。Ｂ組には，ツヨシ君やカイ君のようにアクティブに自己表現をする子もいましたが，一方で，クラスの荒れにひっそりと静かに傷付いている子も相当数いたと思われます。

「きょうの学活の時間に先生にたよってばかりではなく，自分たちの力で解決しようという意見が出たので，ぼくは，とてもそれにさん成しました。ぼ

くたちは，赤坂先生からとても大切なことを学んできたので，赤坂先生の言っていることを見習って自分たちの力で一つ一つのりこえたいと思っています。これからも大切なことを学び，すごいと言われる全校のリーダーになりたいです」

　そろそろ「高学年」という意識が子どもたちに芽生えてきたように思います。クラス会議をやっていて，最初の頃は，解決策として「反省文を書かせる」といった「罰」が提案されました。やがてそうした「罰」に頼る解決策は選択肢にすら挙がらなくなりましたが，その代わりに「先生に叱って貰う」と言う意見が出るようになりました。私はその度に，
「みなさん，叱られたいの？　嫌でしょ。ほらね，それはご辞退申し上げます」
と冗談っぽくはぐらかしていました。
　そういう解決策が出ていた何回目かのクラス会議で
「それはぼくたちの問題だから，先生に頼らず，自分たちで解決した方がいい」
と言った子がいました。会場から「おおっ」と声が漏れて，拍手が起こりました。

　カイ君のこの時期の日記です。

「今日，学校におくれて入ってきたら，リンヤが「おお，カイ〜，カイがいないとつまんねえよ」と言ってくれました。とてもうれしくてなみだが出そうでした。
　リンヤという人に出会ってよかったと思います。また，他の人も入ってきたら「おお，カイ，まってたぞ！」とか「おはよー」とか言ってくれてうれしかったです。
　これからも友達を大事にしたいと思います」

この子たちの記述から読み取れることは，クラスメートやクラスという集団への関心です。アドラー心理学では，これを共同体感覚と呼び，アドラー心理学における教育や治療の目的と捉えています。

　共同体感覚とは，アドラーの言葉からは明確な定義を探すことが難しいとされていますが，「「他の人の目で見て，他の人の耳で聞き，他の人の心で感じる」とは，共同体感覚の許容しうる定義である」（アドラー／岸見訳，1996）と言っています[18]。また，岸見（1998）は，アドラーの記した著書のなかで，共同体感覚を「自分のことだけを考えるのではなく，他の人にも関心をもっていること」と理解しておきたいと説明しています（アドラー／岸見訳，1998）[19]。共同体感覚は耳慣れない言葉ですが，共感性や他者への関心として捉えると理解しやすいかもしれません。野田（1997）は，もう少し，具体的に踏み込んで，共同体感覚の3条件として，「私は私のことが好きだ」という「自己受容」，「人々は信頼できる」という「他者信頼感」，「私は役に

立てる人間だ」という「貢献感」を挙げています[20]。共同体感覚とは、ハッキリと言語化できないかもしれませんが、自分を受け入れ、他者を基本的に信頼していて、自分が誰かの役に立っているという感覚で、大まかに見るとそれは、共感性や他者への関心として捉えられるというように押さえておきたいと思います。

　注目しておきたいのが、この、人を思いやったり人に関心をもっていたりするという感覚が、我々の正常な成長における重要で決定的な要素で、これが子どもの「正常性のバロメータ」だと言っていることです（アドラー／岸見訳，1998）[21]。では、この共同体感覚は、どのように育つのでしょうか。ランディン（前田訳，1998）は、「共同体感覚は生まれつきのものですが、ただ潜在能力としてあるだけで、社会的な文脈で発達させる必要がある」とし、母親を社会的関係の始まりとして、次に父親、家族、学校とより広い共同体と関係すると説明します[22]。さらに、ランディンは「社会はいつも変化しています。それで、いつも再適応するという態度を保つのがその人自身の問題になります。社会の改善は、最も適応の良い人、その意味では最も創造的な人によってのみもたらされる」と言います[23]。

　学校教育では思いやりとか共感性が、当たり前過ぎてむしろ育てることの優先順位が下がっているのではないでしょうか。思いやりや共感性が大事だと多くの教師が口を揃えて言うでしょう。しかし、自分自身の教室でそれを実現するために具体的な取り組みをどれくらいしているでしょうか。

　「正常性」というと少し表現が強く感じるかもしれませんが、適応と捉えたらどうでしょう。学級崩壊は、クラスの一定数以上の子どもたちが、不適応を起こしている状態と思われることによる集団不適応状態だと考えられます。自分の居場所を確保するために、独りよがりのよかれと思う方法で目的を達成しようとしているわけです。

　ある子は、感情的になって暴れ、ある子は怒鳴り、ある子は人をいじめることで、また、ある子は勉強を怠けることで、ある子は分担された仕事をしないことで、そしてある子は、押し黙ることで、です。そして、彼らの戦略

の最大公約数というか共通の戦略は，相手を思いやらないこと，関心を向けないことです。相手にまともに思いやったり関心を向けたりしたら，自分が傷付き居場所を失うからです。

　少なくとも行動変容をする前は，暴れなかったら，怒鳴らなかったら，いじめなかったら，勉強を普通にやったら，真面目に仕事をやったら，言いたいことを言ったら，無視されるか傷付けられると思っていた。だから，それぞれがそれぞれに適応戦略で不適切な行動をしました。不適切な行動は，自分のステイタスを下げたり，叱られたり注意されたりするリスクはありますが，注目を得るということができます。

　しかし，それはないよりマシという居場所のつくり方ですから，子どもたちの心は満たされません。だから，継続するのです。学級崩壊を克服するためには，不適切な行動によって注目を与えるようなシステムを，適切な行動に注目がなされるようなシステムに変えていかねばなりません。しかし，それは教師だけの力では無理です。最初の一押しができるくらいです。しかし，たかが一押し，されど一押しです。それをやらずして，クラスのシステムを変えることはできません。

　学級崩壊は，適応課題です。適応課題に取り組むためには，子どもたちと新たな関係性を構築する必要があります。そのためには，教師がリーダーシップを変換し，子どもたち全員がリーダーシップを発揮できるようにしていくような発想が必要です。つまり，「自分だけにとって」ではなく，「私たちにとって」よいと思うことを率先垂範する子どもたちに育てるのです。

　子どもたちは，仲間の課題やクラスの課題を解決し，その過程で，クラスメートを信頼したり誰かの役に立つことができるという感覚をもったりしていったのかもしれません。その連続性の中で，自分のことを肯定できるようになっていったのではないかと考えられます。互いが互いの同心円に入り込み，ケアしケアされる関係を紡ぎ，クラスとしてまとまりのようなものをつくっていったのではないでしょうか。

引用文献

1 白松賢『学級経営の教科書』東洋館出版, 2017

2 河村茂雄『学級集団づくりのゼロ段階 学級経営力を高める Q-U 式学級集団づくり入門』図書文化, 2012

3 横藤正人「学校生活の枠組みをしっかりと示しておく」野中信行・横藤正人『必ずクラスがまとまる教師の成功術！学級を安定させる縦糸・横糸の関係づくり』学陽書房, 2011, pp.22-23

4 D. ディンクメイヤー・R. ドライカース, 柳平彬訳『子どものやる気』創元社, 1985

5 寺田一清編『森信三 魂の言葉』PHP 研究所, 2005

6 アレックス・L・チュウ, 岡野守也訳『アドラー心理学への招待』金子書房, 2004

7 岩井俊憲『人生が大きく変わるアドラー心理学入門』かんき出版, 2014

8 ルドルフ・ドライカース, ビッキ・ソルツ, 早川麻百合訳『勇気づけて躾ける 子どもを自立させる子育ての原理と方法』一光社, 1993

9 ジョン・ボウルビィ, 二木武監訳『母と子のアタッチメント 心の安全基地』医師薬出版株式会社, 1993

10 茂木健一郎『脳を活かす勉強法 奇跡の「強化学習」』PHP 研究所, 2007

11 前掲8

12 松崎学「学級機能尺度の作成と3学期間の因子構造の変化」山形大学教職・教育実践研究（1）, 2006, pp.29-38

13 前掲12

14 赤坂真二『クラス会議入門（THE 教師力ハンドブック）』明治図書, 2015
赤坂真二『赤坂版「クラス会議」完全マニュアル－人とつながって生きる子どもを育てる』ほんの森出版, 2014
赤坂真二『赤坂版「クラス会議」バージョンアップガイド－みんなの思いがクラスをつくる！』ほんの森出版, 2016

15 西田絵美「看護における〈ケアリング〉の基底原理への視座：〈ケアリング〉とは何か」日本看護倫理学会誌（10）1, 2008, pp.8-15

16 佐藤聖一「看護基礎教育におけるケアリング研究」明星大学学術機関リポジトリ, 学位論文, 2016

17 林泰成『ケアする心を育む道徳教育 伝統的な倫理学を超えて』北大路書房, 2000

18 A. アドラー, 岸見一郎訳『個人心理学講義』一光社, 1996

19 A. アドラー, 岸見一郎訳『子どもの教育』一光社, 1998

20 野田俊作『アドラー心理学 トーキングセミナー』アニマ2001, 1997

21 前掲19

22 ロバート・W・ランディン, 前田憲一訳『アドラー心理学入門』一光社, 1998

23 前掲22

　第2章で紹介したエピソードを，第3章で回収する形で進めてきましたが，まだ一つ，回収されていないエピソードがあります。【エピソード6】互いの保護者から，交際を禁止されたエリさん，マリさん，アイさんの話です。結論から言うと私は何もしませんでした。

Episode 29 -

　エリさん，マリさん，アイさんが，休憩時間に私のところにきました。「先生〜」と言うので，「なあに？」と聞くと，「私たち，遊びたいんだけど」と言います。「え？　遊べば」と笑顔で答えました。するとエリさんが，
「だってさ，私たち，お母さんに遊んじゃいけないって言われているから，遊べないんだもん。ね」
と言って，3人は互いの顔を見合わせました。私は，何も知らなかったような表情で，
「遊べば，いいじゃん」
と言いました。しかし，マリさんは，
「だって，そんなことしたら，お母さんに怒られる……」
と不安そうでした。そこで，
「あのさ，お母さんたちは，またお家でトラブルが起こってほしくないから，心配だ，って気持ちでそう言ったんだよ。あなたたちが仲良く遊ぶのと，顔も見たくないって言って喧嘩しているの，どっち喜ぶと思う？」
と言うと，「仲良くしていた方……」と3人。
「それにさ，あなたたち，一緒に遊びたいんでしょ。4年生にもなって，いちいち誰かと遊んだことをお家で報告しなくちゃいけないの？　お母さんたちは，外で誰と話したとか遊んだとか，いちいちあなたたちに知らせる？

知らせないでしょ。悪いことしているんじゃないんだから，堂々と遊んだら
よろしい。お家で遊べないのだったら，公民館でもグラウンドでもどこでも
あるでしょう。互いの家に行けないんだったら，誰か誘ってその子のお家に
行けばいいじゃん。お友達も増えるし，一石二鳥でしょ」
と言いました。すると，割り切りのいいエリさんとアイさんが，
「あ，そっか。そうだよね。わかった～！」
と言って，マリさんの手を取って３人でピューッとどこかに行きました。そ
の後，３人のご家庭から何か言われることはありませんでした。

- -

解説 ● ✳ ● ✳ ●

　【エピソード６】の後，この件に関しては，彼女たちに話をしたことは一
切ありませんでした。ドライカースの言う「他の大人の影響を無視するこ
と」という原則に従っただけです。子どもの人間関係は子どものものです。
私は勿論，親だってそれを支配してはいけないと思います。３人の間に侵害
関係があるなら介入しますが，仲良くしたいと言っているのだから，私がす
ることは見守るだけです。保護者に自分の方針を伝えようと思いましたが，
止めました。そうすると，私とそれぞれの保護者の間に，どちらの方針を尊
重するかという競争関係が持ち込まれることになるからです。だから，保護
者の方の方針を「聞く」ということにしました。聞きましたが「従う」と約
束していません。私があの日言ったことは「事情はよくわかりました。お嬢
さんをしっかりと見守っていきますね」と言っただけです。

　ただ，３人の保護者とは，電話，連絡帳，対面でのコミュニケーションを
通じて，それぞれの娘さんたちの強み，よさを伝えることの頻度を上げて，
私が彼女たちの味方であることを伝えるようにしてきました。この問題がい
つ再燃して，介入しなくてはならない事態になってもいいだけの信頼は得て
おこうとは思いました。しかし，介入の機会は訪れませんでした。

　本編に掲載された実践は，主に学級通信の記録を元に再構成したものです。子どもたちの名前以外は，記憶と記録の限りなるべく忠実に再現したつもりです。4年B組とお別れするときに，最後にしたためた学級通信を紹介して，本書を終わりたいと思います。

Last Episode -

　とうとうこの日が来ました。私にとってはあっという間の1年でした。皆様にとってはどんな1年だったでしょうか。先ほど，通知表を書き終え，4年B組の学級担任の仕事がほぼ終わりました。いつもこの瞬間はほっとすると同時に，寂しい気持ちに包まれます。

　3学期は，もっとこの学級通信を書きたかったし，書くネタにも溢れていたのですが，2月に体調を崩してしまい，ちょっと通信まで手が回らなくなってしまい，すみませんでした。

　一昨日は，学級会で大いに盛り上がりました。クイズ大会でした。係が半月前くらいに，クラス会議で提案し，やることになっていました。先週から自学帳において問題を作っていたリーダーの子もいて，気合い十分でした。始まると4人グループになり，問題を解き出しました。クイズが終わると，ジュースで乾杯しました。保護者の皆様からの差し入れのお菓子も分け合いました。「私が用意する」と言ったら，「先生，ぼくも持ってきていいですか？」と尋ねる子がいました。それで「お家の人が許可したらね」と答えました。ほんの数人かなと思ったら，多くの子が持ってきてくれました。皆様，本当にありがとうございました。

　一個のイチゴを半分に分けたり，食べきれないおやつを目の前にしてはしゃいだり，夢のような時間でした。お昼を食べられない子も居たのではと心配になりました。折角お昼ご飯を用意されていたことでしょうに，すみません。おやつを食べながら，一人ひと言，クラスのみんなに向けてメッセージを言い合いました。中には，涙ぐむ子もいました。賑やかな中にも，心を打つシーンがありました。

「来年も仲良くしてね」

「面白いクラスだった」

「思い出がたくさんできてよかった」

など，直接子どもたちの口から聞くことができてよかったです。中には，

「カイ君と赤坂先生は，そこらへんの芸人よりも面白かったです」

と言って笑いを誘う子もいました。

　すると，カイ君がお返しのひと言を言いました。時々，涙に言葉を詰まらせながら，「いろいろあったけど，このクラスでよかった」と言うものだから，私もこみ上げるものがありましたが，最後に

「え～，さっき，○○くんが，ぼくのことを面白いと言ってくれたけど，ぼくは○○くんの方がぼくより，余程おもしろいと思います。だから自信をもってください」

と締めくくり，爆笑を誘いました。彼らしく最後はキッチリと笑いで締めくくったわけです。

　彼らの話を聞いていて思ったことは，みんなきちんと5年生の準備をしているなと思ったことです。4月からもよろしく，というメッセージが多かったのは，次のスタートをもう考えているということではないでしょうか。そんな彼らをとても頼もしく思いました。

　出会いの4月は，びっくりすることも多くありました。私が話をしていてもおかまいなしにしゃべり続けていたり，授業中に，断りもなくトイレに行ったり，学習では下敷きがない，筆入れを持ってこないなどなど「？」と思うことがたくさんありました。

　しかし「元気のよさ」や「言葉の多様さ」「発想の豊かさ」「理解力の高さ」など，最近の子どもたちに欠けていると指摘されていることを全て備え持っていました。「凄い子たちだ。鍛えたらさらにすごい！」と思いました。

　人と人とのつながりは，人の話を聞かないことには成り立ちません。また，ただ，聞くだけでなく「聞き方」も大事です。人が話をしているときは相手に体を向けるといった小さな振る舞いが実は信頼関係をつくる上でとても大

切だと思います。

　朝の会で日直がスピーチをしているのに24人中8人近くが，机に寝そべっていれば，やはり話そうとする気力や，クラスメートに対する信頼は生まれません。だから，しつこくしつこく「話を聞きましょう」「聞いていることを態度で示しましょう」と言いました。また，学力の基礎は「読み・書き・計算」かもしれませんが，その前提の学ぶことの基礎は，まず「聞く」です。

　今，子どもたちは日直のスピーチをシーンとして聞いています。筆入れもその中身も下敷きもそろうようになりました。これまで私のしつこいまでのいちいちうるさい要求にも応えてくれて感謝しています。

　一人ひとりが愛しくて可愛くてなりませんが，私と4年B組の物語はひとまずここでピリオドです。ご縁があったらまたよろしくお願いいたします。

- -

　長い物語にお付き合いいただきありがとうございました。4年B組については，大体，述べなくてはならないことを述べたのではないかと思います。久しぶりに4年B組の物語を紐解き，かつての思いが蘇えり，懐かしかったり心が震えたりしました。今，私が全国の学校に赴いて，講演をしたり研修を担当したりできるのは，間違いなくこれまで出会った子どもたちのおかげです。子どもたちと一緒に居たときは，楽しいことばかりではありませんでした。ここには書けないような切ないこともたくさんありました。しかし，その時間も含めて今は，全てが愛しいです。

　本書を出せたのは，4年B組の子どもたち，保護者の皆さん，そして当時の管理職や同僚の皆さんと過ごしたあの豊かな時間があったからです。また，こうした形にできたのは，明治図書の及川誠さん，杉浦佐和子さん，そして，イメージを的確に視覚化してくれたイラストレーターの木村美穂さんのおかげです。皆様に心から感謝申し上げます。

2021年3月　赤坂真二

【著者紹介】

赤坂　真二（あかさか　しんじ）

1965年新潟県生まれ。上越教育大学教職大学院教授。学校心理士。19年間の小学校勤務では，アドラー心理学的アプローチの学級経営に取り組み，子どものやる気と自信を高める学級づくりについて実証的な研究を進めてきた。2008年4月から，これから現場に立つ若手教師の育成，主に小中学校現職教師の再教育にかかわりながら，講演や執筆を行う。

【著書】

『スペシャリスト直伝！　学級づくり成功の極意』(2011)，『スペシャリスト直伝！　学級を最高のチームにする極意』(2013)，『スペシャリスト直伝！　成功する自治的集団を育てる学級づくりの極意』(2016)，『スペシャリスト直伝！　主体性とやる気を引き出す学級づくりの極意』(2017)，『最高の学級づくりパーフェクトガイド』(2018)，『資質・能力を育てる問題解決型学級経営』(2018)，『アドラー心理学で変わる学級経営　勇気づけのクラスづくり』(2019，以上明治図書）他，編著書など多数。DVD に「明日の教室 DVD シリーズ49弾　学級集団づくりとアドラー心理学とクラス会議と」（有限会社カヤ）がある。

〔本文イラスト〕木村美穂

学級経営サポートBOOKS
アドラー心理学で考える学級経営
学級崩壊と荒れに向き合う

| 2021年4月初版第1刷刊 | ©著　者 | 赤　　坂　　真　　二 |
| 2021年11月初版第2刷刊 | 発行者 | 藤　　原　　光　　政 |

発行所　明治図書出版株式会社
http://www.meijitosho.co.jp
(企画)及川　誠 (校正)及川　誠・杉浦佐和子
〒114-0023　東京都北区滝野川7-46-1
振替00160-5-151318　電話03(5907)6703
ご注文窓口　電話03(5907)6668

＊検印省略　　　　　組版所　長野印刷商工株式会社

Printed in Japan　　　　　　ISBN978-4-18-333815-0
もれなくクーポンがもらえる！読者アンケートはこちらから